A MISERICÓRDIA DIVINA

CARTA ENCÍCLICA
DIVES IN MISERICORDIA
DE JOÃO PAULO II

A MISERICÓRDIA DIVINA

CARTA ENCÍCLICA
DIVES IN MISERICORDIA
DE JOÃO PAULO II

Direção-geral: *Ivani Pulga*
Coordenação editorial: *Noemi Dariva*
Gerente de produção: *Antonio Cestaro*

11ª edição – 2011
5ª reimpressão – 2023

Nenhuma parte desta obra poderá ser reproduzida ou transmitida por qualquer forma e/ou quaisquer meios (eletrônico ou mecânico, incluindo fotocópia e gravação) ou arquivada em qualquer sistema ou banco de dados sem permissão escrita da Editora. Direitos reservados.

© 2016 - Libreria Editrice Vaticana

Cadastre-se e receba nossas informações
www.paulinas.com.br
Telemarketing e SAC: 0800-7010081

Paulinas
Rua Dona Inácia Uchoa, 62
04110-020 – São Paulo – SP (Brasil)
📞 (11) 2125-3500
✉ editora@paulinas.com.br
© Pia Sociedade Filhas de São Paulo – São Paulo, 1998

VENERÁVEIS IRMÃOS
E CARÍSSIMOS FILHOS E FILHAS:
SAÚDE E BÊNÇÃO APOSTÓLICA!

I

QUEM ME VÊ, VÊ O PAI
(cf. Jo 14,9)

1. REVELAÇÃO DA MISERICÓRDIA

"Deus, rico em misericórdia" (Ef 2,4) é aquele que Jesus Cristo nos revelou como Pai e que ele, seu próprio Filho, nos manifestou e deu a conhecer em si mesmo (cf. Jo 1,8; Hb 1,1s). Convém recordar, a esse propósito, o momento em que Filipe, um dos doze Apóstolos, dirigindo-se a Cristo lhe disse: "Senhor, mostra-nos o Pai e isso nos basta". Jesus respondeu-lhe deste modo: "Há tanto tempo que estou convosco e não me conheces...? Quem me vê, vê o Pai" (Jo 14,8s). Estas palavras foram proferidas no último discurso com que Cristo se despediu dos seus no princípio da Ceia Pascal.

Seguiram-se os acontecimentos daqueles dias sagrados, durante os quais havia de confirmar-se, de uma vez para sempre, o fato de que "Deus, que é rico em misericórdia, movido pela imensa caridade com que nos amou, restituiu-nos à vida juntamente com Cristo, quando estávamos mortos pelos nossos pecados" (Ef 2,4s).

Seguindo a doutrina do Concílio Vaticano II, e atendendo às necessidades particulares dos tempos em que vivemos, dediquei a Encíclica *Redemptor Hominis* à verdade sobre o homem, verdade que, na sua plenitude e profundidade, nos é revelada em Cristo. Uma exigência de igual importância, nestes tempos críticos e difíceis, leva-nos a descobrir, também, no mesmo Cristo, o rosto do Pai, que é "Pai das misericórdias e Deus de toda a consolação" (2Cor 1,3). Lê-se na Constituição *Gaudium et Spes*: "Cristo, novo Adão... revela o homem a si mesmo plenamente e descobre-lhe a sua sublime vocação". E o faz precisamente "na revelação do mistério do Pai e do seu amor".[1] As palavras citadas atestam com clareza que a manifestação do homem, na plena dignidade da sua natureza, não pode verificar-se sem referência – não apenas conceitual, mas integralmente existencial – a Deus. O homem e a sua vocação suprema desvendam-se em Cristo, mediante a revelação do mistério do Pai e do seu amor.

---

[1] Const. past. sobre a Igreja no Mundo Contemporâneo *Gaudium et Spes*, 22: AAS, 58 (1966), p. 1042.

Por esse motivo, parece agora oportuno desenvolver esse mistério. Sugerem-no múltiplas experiências da Igreja e do homem contemporâneo; e exigem-no também as aspirações de tantos corações humanos, os seus sofrimentos e esperanças, as suas angústias e expectativas. Se é verdade que todos e cada um dos homens, em certo sentido, são o caminho da Igreja – como afirmei na Encíclica *Redemptor Hominis* –, também é verdade que o Evangelho e toda a Tradição nos indicam constantemente que devemos percorrer com todos e cada um dos homens *este caminho, tal como Cristo o traçou*, ao revelar em si mesmo o Pai e o seu amor.[2]

Em Cristo Jesus, todos os caminhos que se dirigem ao homem, tais como eles foram confiados, de uma vez para sempre à Igreja, conduzem sempre ao encontro do Pai e do seu amor. O Concílio do Vaticano II confirmou essa verdade, adaptando-a às condições dos nossos tempos.

Quanto mais a missão realizada pela Igreja se centrar no homem – quanto mais for, por assim dizer, antropocêntrica –, tanto mais se deve confirmar e realizar de modo teocêntrico, isto é, orientar-se em Jesus Cristo, em direção do Pai.

Enquanto as várias correntes do pensamento humano, do passado e do presente, têm sido e continuam a ser marcadas

---

[2] Cf. ibid.

pela tendência de separar e até mesmo para contrapor o teo-centrismo e o antropocentrismo, a Igreja, seguindo a Cristo, procura, ao contrário, uni-los conjuntamente na história do homem, de maneira orgânica e profunda. Esse é um dos princípios fundamentais, e talvez o mais importante, do magistério do último Concílio. Na fase atual da história da Igreja, se nos propomos como tarefa principal pôr em prática a *doutrina do grande Concílio*, devemos procurar ater-nos precisamente a esse princípio, com fé, espírito e coração abertos.

Na minha já citada Encíclica, procurei pôr em realce que o aprofundamento e o enriquecimento multiforme da consciência da Igreja, frutos do mesmo Concílio, devem abrir mais amplamente o nosso entendimento e o nosso coração ao próprio Cristo. Hoje quero expor que a abertura para Cristo, que, como Redentor do mundo, revela plenamente o homem ao próprio homem, não pode realizar-se senão mediante uma relação, cada vez mais consciente, ao Pai e ao seu amor.

2. ENCARNAÇÃO DA MISERICÓRDIA

Deus, que "habita em uma luz inacessível" (1Tm 6,16), fala também ao homem através da linguagem de todo o universo: "Desde a criação do mundo as perfeições invisíveis de Deus, tanto o seu poder eterno como a sua divindade, tornam-se reconhecíveis quando as obras por ele realizadas são consideradas pela mente humana" (Rm 1,20).

O conhecimento indireto e imperfeito, obra da inteligência que procura Deus por meio das criaturas, através do mundo visível, não é ainda "visão do Pai". "Ninguém jamais viu a Deus", escreve São João para dar maior relevo à verdade segundo a qual "o Filho unigênito, que está no seio do Pai, é que o deu a conhecer" (Jo 1,18). A "revelação" manifesta Deus no insondável mistério do seu ser – uno e trino –, rodeado de "luz inacessível" (Tm 6,16). Mediante essa "revelação" de Cristo, conhecemos Deus, antes de tudo, na sua relação de amor para com o homem: na sua "filantropia" (= benignidade) (cf. Tt 3,4). É precisamente aqui que "as suas perfeições invisíveis" se tornam de maneira particular "reconhecíveis", incomparavelmente mais reconhecíveis do que através de todas as outras "obras por ele realizadas". Tornam-se *visíveis em Cristo e por meio de Cristo* por intermédio das suas ações e palavras e, por fim, mediante a sua morte na cruz e a sua ressurreição.

Desse modo, em Cristo e por Cristo, Deus, com a sua misericórdia, torna-se também particularmente visível, isto é, põe-se em evidência o atributo da divindade, que já o Antigo Testamento, servindo-se de diversos conceitos e termos, tinha chamado "misericórdia". Cristo confere a toda a tradição do Antigo Testamento, quanto à misericórdia divina, sentido definitivo. Não somente fala dela e a explica com o uso de comparações e parábolas, mas sobretudo *ele próprio a encarna e a personifica. Ele próprio é, em certo sentido, a misericórdia.*

Para quem a vê nele – e nele a encontra –, Deus torna-se particularmente "visível" como Pai "rico em misericórdia" (Ef 2,4).

A mentalidade contemporânea, talvez mais do que a do homem do passado, parece opor-se ao Deus de misericórdia e, além disso, tende a separar da vida e a tirar do coração humano a própria ideia da misericórdia. A palavra e o conceito de misericórdia parecem causar mal-estar ao homem, o qual, graças ao enorme desenvolvimento da ciência e da técnica, nunca antes verificado na história, se tornou senhor da terra, a subjugou e a dominou (cf. Gn 1,28). Tal domínio sobre a terra, entendido por vezes unilateral e superficialmente, parece não deixar espaço para a misericórdia.

A esse propósito, podemos reportar-nos com proveito à imagem da "condição do homem no mundo contemporâneo", como está delineada no início da Constituição *Gaudium et Spes*, onde lemos, entre outras, as afirmações seguintes: "Assim, o mundo atual apresenta-se simultaneamente poderoso e débil, capaz do melhor e do pior; abre-se na sua frente o caminho da liberdade ou da escravidão, do progresso ou da regressão, da fraternidade ou do ódio. Além disso, o homem toma consciência de que depende dele a boa orientação das forças que suscitou, as quais tanto o podem esmagar como servir".[3]

---

[3] Const. Past. sobre a Igreja no Mundo Contemporâneo *Gaudium et Spes*, 9: AAS, 58 (1966), p. 1032.

A situação do mundo contemporâneo não só manifesta transformações que fazem esperar *um futuro melhor do homem sobre a terra*, mas também apresenta múltiplas ameaças, que ultrapassam largamente as conhecidas até agora. Sem deixar de denunciar tais ameaças (por exemplo, com intervenções na ONU, na UNESCO, na FAO e em outras sedes), a Igreja deve também examiná-las à luz da verdade recebida de Deus.

A verdade revelada por Cristo a respeito de Deus, "Pai das misericórdias" (2Cor 1,3), permite-nos "vê-lo" particularmente próximo do homem, sobretudo quando este sofre, quando é ameaçado no próprio coração da sua existência e da sua dignidade. Por esse motivo, na atual situação da Igreja e do mundo, muitos homens e muitos ambientes, guiados por vivo sentido de fé, voltam-se quase espontaneamente, por assim dizer, para a misericórdia de Deus. São impelidos a fazê-lo certamente pelo próprio Cristo, o qual, mediante o seu Espírito, continua operante no íntimo dos corações humanos. O mistério de Deus, "Pai das misericórdias", revelado por Cristo torna-se, no contexto das hodiernas ameaças contra o homem, como que um singular apelo dirigido à Igreja.

Na presente Encíclica, pretendo acolher tal apelo; desejo inspirar-me na linguagem da revelação e da fé, linguagem eterna e ao mesmo tempo incomparável pela sua simplicidade e profundidade, para com ela exprimir, uma vez mais, diante de Deus e dos homens, as grandes preocupações do nosso tempo.

A revelação e a fé ensinam-nos, efetivamente, não tanto a meditar de modo abstrato sobre o mistério de Deus, "Pai das misericórdias", quanto a recorrer a essa mesma misericórdia em nome de Cristo e em união com ele. Cristo não disse, porventura, que o nosso Pai, aquele que "vê o que é secreto" (Mt 6,4.6.18), está continuamente à espera, por assim dizer, de que nós, apelando para ele em todas as necessidades, perscrutemos cada vez mais o seu mistério: o mistério do Pai e do seu amor (cf. Ef 3,18; e também Lc 11,5-13)?

É meu desejo, portanto, que estas considerações sirvam para aproximar mais de todos tal mistério e se tornem, ao mesmo tempo, um vibrante apelo da Igreja à misericórdia, de que o homem e o mundo contemporâneo tanto precisam. E precisam dessa misericórdia, mesmo sem muitas vezes o saberem.

II
MENSAGEM MESSIÂNICA

3. QUANDO CRISTO COMEÇOU A FAZER E A ENSINAR

Diante dos seus conterrâneos, em Nazaré, Cristo expõe as palavras do profeta Isaías: "O Espírito do Senhor está sobre mim, porque ele me ungiu e me enviou a anunciar a Boa-Nova aos pobres, a proclamar a libertação aos cativos e o dom da vista aos cegos, a pôr em liberdade os oprimidos e a promulgar um ano de acolhimento por parte do Senhor" (Lc 4,18s.). Segundo São Lucas, estas afirmações são *a sua primeira declaração messiânica*, à qual se seguem os fatos e as palavras conhecidos por intermédio do Evangelho. Mediante tais fatos e palavras, Cristo torna o Pai presente no meio dos homens.

É muito significativo que esses homens sejam sobretudo os pobres, carecidos dos meios de subsistência, os que estão privados da liberdade, os cegos que não veem a beleza da criação, os que vivem com a amargura no coração, ou então os que sofrem por causa da injustiça social e, por fim, os pecadores. Em relação a estes últimos, de modo especial, o Messias torna-se sinal particularmente legível de Deus, que é amor; torna-se sinal do Pai. Do mesmo modo que os homens de então, também os homens do nosso tempo podem ver o Pai nesse sinal visível.

É igualmente significativo que, quando os mensageiros enviados por João Batista vieram ter com Jesus e lhe perguntaram: "Tu és aquele que está para vir, ou temos que esperar outro?" (Lc 7,19), ele, referindo-se ao mesmo testemunho com que havia inaugurado o seu ensino em Nazaré, lhes tenha respondido: "Ide contar a João o que vistes e ouvistes: os cegos veem, os coxos andam, os leprosos ficam limpos, os surdos ouvem, os mortos ressuscitam, aos pobres é anunciada a Boa-Nova"; e é ainda significativo que tenha depois concluído: "Bem-aventurado aquele que não se escandalizar a meu respeito" (Lc 7,22s).

Jesus revelou, sobretudo com o seu estilo de vida e com as suas ações, como *está presente o amor no mundo em que vivemos*, amor operante, amor que se dirige ao homem e abraça tudo quanto constitui a sua humanidade. Tal amor transparece especialmente no contato com o sofrimento, injustiça e pobreza; no contato com toda a "condição humana" histórica, que de vários modos manifesta as limitações e a fragilidade, tanto físicas como morais, do homem. Precisamente o modo e o âmbito em que se manifesta o amor são chamados na linguagem bíblica "misericórdia".

Cristo, portanto, revela Deus que é Pai, que é "amor", como se exprimiria São João no sua primeira Epístola

(1Jo 4,8.16). Revela Deus "rico em misericórdia", como lemos em São Paulo (cf. Ef 2,4). Essa verdade, mais do que tema de ensino, é realidade que Cristo nos tornou presente. *Tornar presente o Pai como amor e misericórdia* constitui, na consciência do próprio Cristo, ponto fundamental do exercício da sua missão messiânica. Confirmam-no as palavras por ele pronunciadas, primeiro na sinagoga de Nazaré e, depois, diante dos seus discípulos e dos enviados de João Batista.

Baseando-se nesse modo de manifestar a presença de Deus, que é Pai, amor e misericórdia, Jesus faz da mesma misericórdia um dos principais *temas da sua pregação.* Como de costume, também nesse ponto ensina antes de mais "em parábolas", porque exprimem melhor a própria essência das coisas. Basta recordar a parábola do filho pródigo (Lc 15,11-32), ou a parábola do bom samaritano (Lc 10,30-37), ou ainda, por contraste, a do servo sem compaixão (Mt 18,23-35). Numerosas são ainda as passagens do ensinamento de Cristo que manifestam o amor e misericórdia sob um aspecto sempre novo. Basta ter diante dos olhos o bom pastor que vai à busca da ovelha tresmalhada (Mt 18,12-14; Lc 15,3-7), ou a mulher que varre a casa à procura da dracma perdida (Lc 15,8-10). O Evangelista que trata de modo particular esses temas do ensino de Cristo é São Lucas, cujo Evangelho mereceu ser chamado "o Evangelho da misericórdia".

Quando se trata da pregação, levanta-se um problema de capital importância, no que diz respeito ao significado dos termos e ao conteúdo do *conceito de "misericórdia" (em relação como conceito de "amor")*. A reta compreensão desse conteúdo é a chave para se entender a própria realidade da misericórdia. E isso é o que para nós mais importa.

Antes de dedicar uma parte das nossas considerações a esse assunto, ou seja, antes de estabelecer o significado das palavras e o conteúdo próprio do conceito de "misericórdia", devemos notar que Cristo, ao revelar o amor-misericórdia de Deus, *exigia* ao mesmo tempo *dos homens* que se deixassem guiar na própria vida pelo amor e pela misericórdia. Essa exigência faz parte da própria essência da mensagem messiânica e constitui a medula do *ethos* evangélico. O Mestre exprime isso mesmo, quer por meio do mandamento por ele definido como "o primeiro e o maior" (Mt 22,38), quer sob a forma de bênção, ao proclamar no Sermão da Montanha: "Bem-aventurados os misericordiosos, porque alcançarão misericórdia" (Mt 5,7).

Desse modo, a mensagem messiânica sobre a misericórdia conserva sempre particular dimensão divino-humana. Cristo, enquanto é o cumprimento das profecias messiânicas, ao tornar-se encarnação do amor que se manifesta com particular intensidade em relação aos que sofrem, aos infelizes e aos pecadores, torna presente e, desse modo, revela mais plenamente o Pai, que é Deus "rico em misericórdia". Ao mesmo tempo, tornando-se para os homens modelo do amor misericordioso para com os outros, Cristo proclama com obras, mais ainda do que com palavras, o apelo à misericórdia, que é uma das componentes essenciais do *ethos* do Evangelho. Não importa cumprir somente um mandamento ou postulado de natureza ética, mas também satisfazer a uma condição de capital importância, a fim de Deus poder se revelar na sua misericórdia para com o homem: "Os misericordiosos... alcançarão misericórdia".

III

A MISERICÓRDIA NO ANTIGO TESTAMENTO

4. O CONCEITO DE "MISERICÓRDIA" NO ANTIGO TESTAMENTO

O conceito de "misericórdia" no Antigo Testamento tem longa e rica história. Devemos remontar a essa história para fazer resplandecer mais plenamente a misericórdia que Cristo revelou. Revelando-a, quer pelas suas obras, quer pelo seu ensino, Cristo dirigia-se a homens que não só conheciam o conceito de misericórdia, mas também, como *povo de Deus da Antiga Aliança*, tinham colhido da própria história plurissecular *uma peculiar experiência da misericórdia de Deus*. Essa íntima experiência foi tanto social e comunitária como particular e individual.

Israel foi o povo da aliança com Deus, aliança que muitas vezes violou. Quando tomava consciência da própria infidelidade, apelava para a misericórdia. E, ao longo da história de Israel, não faltaram profetas e outros homens que despertavam tal consciência. A esse propósito, os Livros do Antigo Testamento apresentam-nos numerosos testemunhos. Entre os fatos e os textos mais salientes, podemos recordar: o início da história dos Juízes (cf. Jz 3,7-9.32), a oração de

Salomão ao ser inaugurado o Templo (cf. 1Sm 8,22-53), uma parte das intervenções proféticas de Miqueias (cf. Mq 7,18-20), as consoladoras garantias oferecidas por Isaías (cf. Is 1,18; 51,4-16), a súplica dos hebreus exilados (cf. Br 2,11–3,8) e a renovação da Aliança depois do regresso do exílio (cf. Ne 9).

É significativo o fato de os profetas, na sua pregação, apresentarem a misericórdia, a qual muitas vezes se referem por causa dos pecados do povo, em ligação com a incisiva imagem do amor da parte de Deus. O Senhor ama Israel com amor de singular eleição, semelhante ao amor de um esposo (cf., por ex., Os 2,21-25; 15; Is 54,6-8), e por isso perdoa as suas culpas e até as infidelidades e traições. Ao encontrar-se perante a penitência, a conversão autêntica do povo, restabelece-o novamente na graça (cf. Jr 31,20; Ex 39,25-29). Na pregação dos profetas, a *misericórdia* significa *a especial força do amor*, que *prevalece sobre o pecado e sobre a infidelidade* do povo eleito.

Nesse amplo contexto "social", a misericórdia aparece como o elemento correlativo da experiência interior de cada uma das pessoas que se encontram em estado de culpa, ou que suportam sofrimentos e desgraças de toda espécie. *Tanto o mal físico como o mal moral, ou pecado*, fazem com que os filhos e as filhas de Israel se voltem para o Senhor, apelando para a sua misericórdia. Desse modo a ele se dirige Davi, consciente da gravidade da sua culpa (cf. 2Sm 11; 12; 24,10);

igualmente a ele se dirige Jó, depois das suas rebeliões, ao encontrar-se na sua tremenda desventura (Jó passim); assim se dirige ao Senhor também Ester, consciente da ameaça mortal, iminente, contra o seu povo (Est 4,17kss). E, além desses, deparamos ainda com outros exemplos nos Livros do Antigo Testamento (cf., por ex., Ne 9,30-32; Tb 3,2-3.11-12; 8,16s; 1Mac 4,24).

Na origem dessa multiforme convicção comunitária e pessoal, como é comprovado por todo o Antigo Testamento no decurso dos séculos, há que colocar a experiência fundamental do povo eleito, vivido nos dias do êxodo: o Senhor observou a aflição do seu povo, reduzido à escravidão, ouviu os seus clamores, deu-se conta dos seus sofrimentos e decidiu libertá-lo (cf. Ex 3,7s). Nesse ato de salvação realizado pelo Senhor, o profeta quis ver o seu amor e a sua compaixão (cf. Is 63,9). A segurança de todo o povo e de cada um dos seus membros radica na misericórdia divina, que pode ser invocada em todas as circunstâncias dramáticas.

A isso vem juntar-se o fato de que a miséria do homem é também o seu pecado. O povo da Antiga Aliança conheceu essa miséria desde os tempos do êxodo, quando ergueu o bezerro de ouro. Mas o próprio Senhor triunfou sobre esse gesto de ruptura da Aliança, quando se definiu solenemente a Moisés como "Deus compassivo e misericordioso, lento para a ira e cheio de bondade e de fidelidade" (Ex 34,6). É nessa revelação central que o povo eleito e cada um dos seus componentes irão encontrar, depois de terem prevaricado, a força e a razão para de novo se voltarem para o Senhor, para lhe recordarem exatamente aquilo que ele tinha revelado acerca de si próprio (cf. Nm 14,18; 2Cr 30,9; Ne 9,17; Sl 86[85],15; Sb 15,1; Sir 2,11; Jl 2,13), e para lhe implorarem perdão.

O Senhor revelou a sua misericórdia tanto nas obras como nas palavras, desde os primórdios do povo que escolheu para si. No decurso da sua história, esse povo, quer em momentos de desgraça, quer ao tomar consciência do próprio pecado, entregou-se continuamente com confiança ao Deus das misericórdias. Na misericórdia do Senhor para com os seus, manifestam-se todos os matizes do amor: ele é para eles Pai (cf. Is 63,16), dado que Israel é seu filho primogênito (cf. Ex 4,22); ele é também o esposo daquela a quem o Profeta anuncia um nome novo: "bem-amada" (*ruhama*), porque usará de misericórdia para com ela (cf. Os 2,3).

Mesmo quando o Senhor, exasperado pela infidelidade do seu povo, decide acabar com ele, são ainda a compaixão e o amor generoso para com os seus que o levam a suster a sua indignação (cf. Os 11,7-9; Jr 31,20; Is 54,7s). E, então, torna-se fácil compreender a razão pela qual os salmistas, ao quererem cantar ao Senhor os mais sublimes louvores, entoarão hinos ao Deus do amor, da compaixão, da misericórdia e da fidelidade (cf. Sl 103[102] e 145[144]).

De tudo isso se deduz que a misericórdia faz parte não somente da noção de Deus, mas também caracteriza a vida de todo o povo de Israel e de cada um dos seus filhos e filhas: é a *essência da intimidade com o seu Senhor*, a essência do seu diálogo com ele. Precisamente sob esse aspecto, a misericórdia é apresentada em cada um dos livros do Antigo Testamento com grande riqueza de expressões. Seria difícil, talvez, procurar nesses livros resposta meramente teórica à pergunta: o que é a misericórdia em si mesma. Contudo, a própria *terminologia* que neles é usada pode dizer-nos muitíssimo a tal respeito.[1]

---

[1] Ao definirem a misericórdia, os livros do Antigo Testamento servem-se, sobretudo, de duas expressões, cada uma das quais tem um matiz semântico diverso. Antes de tudo, o termo *hesed*, que indica uma profunda atitude de "bondade". Quando essa disposição se estabelece entre duas pessoas, estas passam a ser não apenas benévolas uma para com a outra, mas também reciprocamente fiéis por força de um compromisso interior, portanto, também em virtude de uma fidelidade para consigo próprias. E se é certo que *hesed* significa também "graça" ou "amor", isso sucede precisamente na base de tal fidelidade. O fato de o compromisso em questão ter um caráter não apenas moral como também jurídico não altera a sua realidade. Quando, no Antigo Testamento, o vocábulo *hesed* é referido ao Senhor, isso acontece sempre em relação com a aliança que Deus fez com Israel. Essa aliança foi da parte de Deus um dom e uma graça para Israel. Contudo, uma vez que Deus, em coerência com a Aliança estabelecida, tinha se comprometido a respeitá-la, *hesed* adquiria, em certo sentido, um conteúdo legal. O compromisso "jurídico" da parte de Deus deixava de obrigar quando Israel infringia a aliança e não respeitava as condições da mesma. E era precisamente então que *hesed*, deixando de ser uma obrigação jurídica, revelava o seu aspecto mais profundo: tornava-se manifesto aquilo que fora a princípio, ou seja, amor que doa, amor mais potente do que a traição, graça mais forte do que o pecado.

Essa fidelidade para a "filha do meu povo" infiel (cf. Lm 4,3.6), em última análise, é, da parte de Deus, fidelidade a si próprio. Isso aparece evidente,

O Antigo Testamento proclama a misericórdia do Senhor mediante numerosos termos com significados afins. Esses termos são diferenciados no seu conteúdo particular, *mas tendem a convergir, se assim se pode dizer, de vários*

sobretudo, pela frequência com que é usado o binômio *hesed we'emet* (= graça e fidelidade), que se poderia considerar uma hendíadis (cf., p. ex., Ex 34,6; 2Sm 2,6; 15,20; Sl 25[24],10; 40[39],11s.; 85[84],11; 138[137],2; Mq 7,20). "Eu faço isso, não por causa de vós, ó casa de Israel, mas pela honra do meu santo nome" (Ez 36,22). Assim, também Israel, embora sob o peso das culpas, por ter quebrado a aliança, não pode ter pretensões em relação ao *hesed* de Deus, com base em uma suposta justiça (legal). No entanto, pode e deve continuar a esperar e a ter confiança em obtê-lo, já que o Deus da aliança é realmente "responsável pelo seu amor". Fruto desse amor é o perdão e a reconstituição na graça, o restabelecimento da aliança interior.

O segundo vocábulo, que na terminologia do Antigo Testamento serve para definir a misericórdia, é *rahªmim*. O matiz do seu significado é um pouco diverso do significado de *hesed*. Enquanto *hesed* acentua as características da fidelidade para consigo mesmo e da "responsabilidade pelo próprio amor" (que são características, em certo sentido, masculinas), *rahªmim*, já pela própria raiz, denota o amor da mãe (*rehem* = seio materno). Do vínculo mais profundo e originário, ou melhor, da unidade que liga a mãe ao filho, brota uma particular relação com ele, um amor particular. Desse amor se pode dizer que é totalmente gratuito, não fruto de merecimento, e que, sob esse aspecto, constitui uma necessidade interior: é uma exigência do coração. É uma variante como que "feminina" da fidelidade masculina para consigo próprio, expressa pelo *hesed*. Sobre esse fundo psicológico, *rahªmim* dá origem a uma gama de sentimentos, entre os quais a bondade e a ternura, a paciência e a compreensão, que o mesmo é dizer a prontidão para perdoar.

O Antigo Testamento atribui ao Senhor essas características quando, ao falar dele, usa o termo *rahªmim*. Lemos em Isaías: "Pode porventura a mulher esquecer-se do seu filho e não ter carinho para com o fruto das suas entranhas? Pois ainda que a mulher se esquecesse do próprio filho, eu jamais me esqueceria de ti" (Is 49,15). Esse amor, fiel e invencível graças à força misteriosa da maternidade, é expresso nos textos do Antigo Testamento de várias maneiras: como salvação dos perigos, especialmente dos inimigos, como perdão dos pecados – em relação aos indivíduos e também a todo o povo de Israel – e, finalmente, como prontidão em satisfazer a promessa e *pontos de vista para um único conteúdo fundamental*, a fim de exprimir a riqueza transcendental da misericórdia e, ao mesmo tempo, para aproximá-la do homem sob aspectos diversos. O Antigo Testamento encoraja os homens

a esperança (escatológicas), não obstante a infidelidade humana, conforme lemos em Oseias: "Eu os curarei das suas infidelidades, amá-los-ei de todo o coração" (Os 14,5).

Na terminologia do Antigo Testamento, encontramos ainda outras expressões que se referem de modo diverso ao mesmo conteúdo fundamental. Todavia, as duas acima mencionadas merecem uma atenção particular. Nelas se manifesta claramente o seu originário aspecto antropomórfico: para indicar a misericórdia divina, os autores bíblicos servem-se dos termos que correspondem à consciência e à experiência dos homens seus contemporâneos. A terminologia grega da versão dos Setenta apresenta-se com uma riqueza menor do que a hebraica; não reflete todos os cambiantes semânticos próprios do texto original. Em todo caso, o Novo Testamento constrói sobre a riqueza e a profundidade que já caracterizavam o Antigo.

Desse modo, herdamos do Antigo Testamento – como que numa síntese especial – não apenas a riqueza das expressões usadas por aqueles livros para definir a misericórdia divina, mas também uma específica, obviamente antropomórfica, "psicologia" de Deus: a impressionante imagem do seu amor que, em contato com o mal e, em particular, com o pecado do homem e do povo, se manifesta como misericórdia. Essa imagem é composta, mais do que pelo conteúdo, bastante genérico, aliás, do verbo *hānan*, sobretudo pelo conteúdo de *hesed* e de *rah^{a}mim*. O termo *hānan* exprime um conceito mais amplo: significa a manifestação da graça que comporta, por assim dizer, uma constante predisposição magnânima, benévola e clemente. Além desses elementos semânticos fundamentais, o conceito de misericórdia no Antigo Testamento inclui também o conteúdo do verbo *hāmal*, que literalmente significa "poupar (o inimigo derrotado)", e ainda "manifestar piedade e compaixão" e, por conseguinte, perdão e remissão da culpa. O termo *hus* exprime igualmente piedade e compaixão, mas isso sobretudo em sentido afetivo. Esses termos aparecem nos textos bíblicos, com menor frequência, para indicar a misericórdia. É oportuno ainda lembrar o já citado vocábulo *'emet*, que significa: em primeiro lugar, "solidez, segurança" (no grego dos Setenta, "verdade"); e, depois, também "fidelidade"; e dessa maneira parece relacionar-se com o conteúdo semântico próprio do termo *hesed*.

desventurados, sobretudo os que estão oprimidos pelo pecado – como também todo o povo de Israel que tinha aderido à Aliança com Deus –, a fazerem apelo à misericórdia e permite-lhes contar com ela. Recorda-a nos tempos de queda e de desalento. Em seguida, *dá graças e glória* a Deus pela misericórdia, todas as vezes que ela se tenha manifestado e realizado, tanto na vida do povo como na das pessoas individualmente.

Desse modo, a misericórdia é contraposta, em certo sentido, à justiça divina; e revela-se, em muitos casos, não só mais poderosa, mas também mais profunda que ela. Já no Antigo Testamento se ensina que, embora a justiça no homem seja autêntica virtude e em Deus signifique perfeição transcendente, o amor é "maior" do que a justiça. E é maior no sentido de que, relativamente a ela, é primário e fundamental. O amor condiciona, por assim dizer, a justiça; e, em última análise, a justiça serve à caridade. O primado e a superioridade do amor em relação à justiça – ponto característico de toda a Revelação – *manifestam-se precisamente através da misericórdia.* Isso pareceu tão claro aos salmistas e aos profetas que o próprio termo *justiça* acabou por significar a salvação realizada pelo Senhor por meio da sua misericórdia (Sl 40[39],11; 98[97],2s; Is 45,21; 51,5.8; 56,1). *A misericórdia difere da justiça, mas não se lhe opõe,* se admitirmos na história do homem – como faz o Antigo Testamento precisamente – a presença de Deus, o qual, já como Criador, se ligou com particular amor às suas criaturas.

O amor, por natureza, exclui o ódio e o desejo do mal em relação àquele a quem alguma vez deu a si mesmo como dom: *Nihil odisti eorum quae fecisti*, "não aborreceis nada do que fizestes" (Sb 11,24). Tais palavras indicam o fundamento profundo da conexão entre a justiça e a misericórdia em Deus, nas suas relações com o homem e com o mundo. Dizem-nos também que devemos procurar as raízes vivificantes e as razões íntimas desse nexo, remontando ao "princípio", *no próprio mistério da criação*. No contexto da Antiga Aliança, essas palavras preanunciam a plena revelação de Deus, que "é amor" (1Jo 4,8.16).

O mistério da criação está em conexão com o *mistério da eleição*, que de modo especial plasmou a história do povo cujo pai espiritual é Abraão, como mérito da sua fé. Por meio desse povo que caminha através da história, tanto da Antiga como da Nova Aliança, aquele mistério de eleição refere-se a todos e a cada um dos homens e a toda a grande família humana. "Amo-te com amor eterno, por isso ainda te conservo os meus favores" (Jr 31,3). "Ainda que os montes sejam abalados... o meu amor jamais se apartará de ti, e a minha aliança de paz não será alterada" (Is 54,10). Essa verdade, anunciada outrora a Israel, encerra em si a perspectiva de toda a história do homem, perspectiva que é simultaneamente *temporal e escatológica* (Jn 4,2.11; Sl 145[144],9; Sir 18,8-14; Sb 11,23–12,1). Cristo revela o Pai na mesma perspectiva, e no estado dos espíritos já preparados, como o demonstram numerosas páginas do Antigo Testamento. Como remate dessa revelação, na véspera da sua morte, diz ao Apóstolo Filipe aquelas memoráveis palavras: "Há tanto tempo que estou convosco e não me conheces?... Quem me vê, vê o Pai" (cf. Jo 14,9).

IV
A PARÁBOLA DO FILHO PRÓDIGO

5. ANALOGIA

No limiar do Novo Testamento repercute-se no Evangelho de São Lucas singular correspondência entre duas vozes que proclamam a misericórdia divina, nas quais ecoa intensamente toda a tradição do Antigo Testamento. Nelas, encontram expressão os conteúdos semânticos ligados à terminologia diferenciada dos Livros Antigos. A primeira dessas vozes é a de Maria que, entrando na casa de Zacarias, *engrandece* o Senhor louvando-o com toda a alma "pela sua *misericórdia*", da qual se tornam participantes, "*de geração em geração*", os homens que vivem no temor de Deus. Pouco depois, comemorando a eleição de Israel, proclama a misericórdia, da qual "se recorda" desde sempre aquele que a escolheu (em ambos os casos se trata de *hesed*, isto é, da fidelidade que Deus manifesta ao próprio amor para com o povo, fidelidade às promessas, que encontrarão precisamente na maternidade da Mãe de Deus o seu cumprimento definitivo (cf. Lc 1,49-54).

A outra voz é a de Zacarias que, na mesma casa, por ocasião do nascimento de João Batista, seu filho, bendizendo o Deus de Israel, glorifica a misericórdia que ele quis "usar... para com os nossos pais e *lembrar-se da sua santa aliança*" (cf. Lc 1,72).[1]

No ensino do próprio Cristo, essa imagem, herdada do Antigo Testamento, *torna-se mais simples e, ao mesmo tempo, mais profunda*. É o que se manifesta com especial evidência na parábola do filho pródigo (cf. Lc 15,11-32), na qual a essência da misericórdia divina – embora no texto original não seja usada a palavra "misericórdia" – aparece de modo particularmente límpido. Contribui para isso não tanto a terminologia, como nos livros do Antigo Testamento, mas sim a analogia, que permite compreender com maior profundidade o próprio mistério de misericórdia, como drama profundo que se desenrola entre o amor do pai e a prodigalidade e o pecado do filho.

Esse filho, que recebe do pai a parte da herança que lhe toca e deixa a casa paterna para esbanjar essa herança numa terra longínqua "vivendo dissolutamente", em certo sentido é o homem de todos os tempos, a começar por aquele que foi o primeiro a perder a herança da graça e da justiça original. Nesse ponto, a analogia é muito vasta. Indiretamente, a parábola estende-se a todas as rupturas da aliança de amor: a toda perda da graça e a todo pecado.

---

[1] Também neste caso se trata da misericórdia no significado de *hesed*, ao passo que nas frases seguintes, em que Zacarias fala do "coração misericordioso do nosso Deus", é expresso claramente o segundo significado, o de *rah^amim* (tradução latina: *viscera misericordiae*), que identifica prevalentemente a misericórdia divina com o amor materno.

Ao contrário do que acontecia na tradição profética, essa analogia, embora se possa estender também a todo o povo de Israel, não o visa em primeiro lugar.

Aquele filho, "depois de ter esbanjado tudo..., começou a passar privações", tanto mais que sobreveio grande carestia "naquela terra" para onde ele tinha ido depois de abandonar a casa paterna. Em tal situação, "bem desejava matar a fome" com qualquer coisa, até mesmo "com as alfarrobas que os porcos comiam", animais que ele guardava, a serviço de "um dos habitantes daquela terra". Mas até isso lhe era recusado.

A analogia desloca-se claramente para o interior do homem. A herança que o jovem tinha recebido do pai era constituída por certa quantidade de bens materiais. Mas, mais importante do que esses bens, era *a sua dignidade de filho na casa paterna*. A situação em que veio a encontrar-se quando se viu sem os bens materiais que dissipara, é natural que o tivesse também feito cair na conta da perda dessa dignidade. Quando pediu ao pai que lhe desse a parte de herança que lhe tocava, para se ausentar para longe, não refletiu por certo nisso. Parece que nem mesmo agora está bem consciente dessa realidade, quando diz para si próprio: "Quantos empregados na casa de meu pai têm pão em abundância, e eu aqui morro de fome!". Avalia-se a si mesmo pela medida dos bens que tinha perdido e que já "não possui", enquanto os criados na casa de seu pai "continuam a possuí-los". Essas palavras exprimem principalmente a sua atitude perante os bens materiais. No entanto, por detrás delas se esconde também o drama da dignidade perdida, a consciência da condição de filho malbaratada.

É então que toma a decisão: "Levantar-me-ei, irei ter com o meu pai e dir-lhe-ei: Pai, pequei contra o céu e contra ti; já não sou digno de ser chamado teu filho; trata-me como a um dos teus empregados" (Lc 15,18s). Tais palavras permitem descobrir mais profundamente o problema essencial. Através da complexa situação material de penúria a que o filho pródigo chegou, por causa da sua leviandade, por causa do pecado, amadureceu nele o sentido da dignidade perdida. Quando tomou a decisão de voltar para a casa paterna e de pedir ao pai para ser recebido, não já gozando dos direitos de filho, mas na condição de assalariado, o jovem parece à primeira vista agir por motivo da fome e da miséria em que caiu. Subjacente a esse motivo, porém, está a consciência de perda mais profunda: *ser um assalariado na casa do próprio pai* é com certeza grande humilhação e vergonha. Apesar disso, o filho pródigo está disposto a arrostar com tal humilhação e vergonha. Caiu na conta de que já não tem mais direito algum, senão o de ser um empregado na casa do pai. Essa reflexão brota em primeiro lugar da plena consciência da perda que mereceu e do que, de outro modo, poderia vir a possuir. Esse raciocínio, precisamente, demonstra que, no âmago da consciência do filho pródigo, se manifesta o sentido da dignidade perdida, daquela dignidade que brota da relação do filho com o pai. Com essa decisão empreendeu o caminho de regresso.

Na parábola do filho pródigo não aparece, nem uma vez sequer, o termo "justiça", assim como também não é usado, no texto original, o termo "misericórdia". Contudo, *a relação da justiça com o amor que se manifesta como misericórdia*, está contida, com muita precisão, no conteúdo dessa parábola evangélica. Torna-se claro que o amor se transforma em misericórdia quando é preciso ir além da norma exata da justiça: norma precisa e, muitas vezes, demasiado rigorosa.

O filho pródigo, depois de ter gastado os bens recebidos do pai, ao regressar merece apenas ganhar para viver, trabalhando na casa paterna como empregado, e, eventualmente, ir amealhando, pouco a pouco, certa quantidade de bens materiais, mas sem dúvida nunca em quantidade igual aos que tinha esbanjado. Tal seria a exigência da ordem da justiça, até porque, aquele filho, com o seu comportamento, não tinha somente dissipado a parte de herança que lhe competia, mas tinha também *magoado profundamente e ofendido o pai*. Na verdade, o seu comportamento, que a seu juízo o tinha privado da dignidade de filho, não podia deixar indiferente o pai; devia fazê-lo sofrer e fazer com que se sentisse, de algum modo, envolvido nesse procedimento. Tratava-se, com efeito, do seu próprio filho, e essa relação não podia ser alienada nem destruída, fosse qual fosse o seu comportamento. O filho pródigo tem consciência disso, e é precisamente essa consciência que lhe mostra claramente a dignidade perdida e o leva a avaliar corretamente o lugar que ainda lhe poderia tocar na casa do pai.

6. CONSIDERAÇÃO PELA DIGNIDADE HUMANA

A *imagem que acabei de descrever do estado de espírito do filho pródigo permite-nos compreender com exatidão em que consiste a misericórdia divina*. Não há dúvida de que, nessa simples, mas penetrante, comparação, a figura do pai revela-nos Deus como Pai.

A atitude do pai da parábola, todo o seu modo de agir, que manifesta a sua disposição interior, permite-nos encontrar cada um dos fios que entretecem a visão da misericórdia no Antigo Testamento, mas em uma síntese totalmente nova, cheia de simplicidade e profundidade. O pai do filho pródigo é fiel à sua paternidade, fiel ao amor que desde sempre tinha dedicado ao seu filho. Tal fidelidade manifesta-se na parábola não apenas na prontidão em recebê-lo em casa, quando ele voltou depois de ter esbanjado a herança, mas sobretudo na alegria e no clima de festa tão generoso para com o esbanjador que regressa. Essa atitude provoca até a inveja do irmão mais velho, que nunca se tinha afastado do pai nem abandonado a casa paterna.

A fidelidade a si próprio por parte do pai – traço característico já conhecido pelo termo do Antigo Testamento *hesed* – exprime-se de modo particularmente denso de afeto. Lemos, com efeito, que, ao ver o filho pródigo regressar à casa, o pai, "movido de compaixão, correu ao seu encontro, abraçou-o efusivamente e beijou-o" (Lc 15,20). Procede desse modo levado certamente por profundo afeto; e assim se explica também a sua generosidade para com o filho, a qual causará grande indignação no irmão mais velho.

Todavia, as causas da sua comoção hão de ser procuradas em algo mais profundo. O pai sabe que o que se salvou foi um bem fundamental: o bem da vida de seu filho. Embora tenha esbanjado a herança, a verdade é que *a sua vida está salva*. Mais ainda, *essa*, de algum modo, foi *reencontrada*. É o sentido das palavras dirigidas pelo próprio pai ao filho mais velho: "Era preciso que fizéssemos festa e nos alegrássemos, porque este teu irmão estava morto e voltou à vida, estava perdido e foi encontrado" (Lc 15,32). No mesmo capítulo 15 do Evangelho de São Lucas, lemos as parábolas da ovelha desgarrada e reencontrada (cf. Lc 15,3-6) e, a seguir, a da dracma perdida e de novo achada (cf. Lc 15,8-9). Em cada uma dessas parábolas é posta em evidência a mesma alegria que transparece no caso do filho pródigo. A fidelidade do pai a si próprio está inteiramente centralizada na vida do filho perdido, na sua dignidade. Assim, sobretudo, se explica a imensa alegria que manifesta quando o filho volta para casa.

Pode-se dizer, portanto, que o amor para com o filho, o amor que brota da própria essência da paternidade, como que obriga o pai, se assim nos podemos exprimir, a desvelar-se pela dignidade do filho. Essa solicitude constitui a medida do seu amor; amor sobre o qual escreverá São Paulo: "A caridade é paciente, é benigna..., não busca o próprio interesse, não se irrita, não guarda ressentimento pelo mal sofrido... rejubila com a verdade..., tudo espera, tudo suporta" e "não acaba nunca" (1Cor 13,4-8).

A misericórdia apresentada por Cristo na parábola do filho pródigo tem *a característica interior do amor*, que no Novo Testamento é chamado "ágape". Esse amor é capaz de debruçar-se sobre todos os filhos pródigos, sobre qualquer miséria humana e, especialmente, sobre toda miséria moral, sobre o pecado. Quando isso acontece, aquele que é objeto da misericórdia não se sente humilhado, mas como que reencontrado e "revalorizado". O pai manifesta-lhe alegria, antes de tudo por ele ter sido "reencontrado" e "voltado à vida". Essa alegria indica um bem que não foi destruído: o filho, embora pródigo, não deixa de ser realmente filho de seu pai. Indica ainda um bem reencontrado: no caso do filho pródigo, o regresso à verdade sobre si próprio.

O que, na parábola de Cristo, se verificou na relação do pai para com o filho não se pode avaliar "de fora". As nossas opiniões acerca da misericórdia são, de maneira geral, o resultado de um juízo meramente externo. Acontece até, por vezes, que, seguindo tal critério, *percebemos na misericórdia*, sobretudo, *uma relação de desigualdade* entre aquele que a exercita e aquele que a recebe. Por consequência, somos levados a deduzir que a misericórdia degrada aquele que a recebe e ofende a dignidade do homem.

A parábola do filho pródigo persuade-nos que a realidade é *diferente*: a relação de misericórdia baseia-se na experiência daquele bem que é o homem, na experiência comum da dignidade que lhe é própria. Essa experiência comum faz com que o filho pródigo comece a ver a si próprio e as suas ações com toda a verdade (e essa visão da verdade é autêntica humildade). Por outro lado, para o pai, precisamente por isso, torna-se o seu único bem. Graças a uma misteriosa comunicação da verdade e do amor, o pai vê com tal clareza o bem operado que parece esquecer todo o mal que o filho tinha cometido.

A parábola do filho pródigo exprime, de maneira simples, mas profunda, a *realidade da conversão*, que é a mais concreta expressão da obra do amor e da presença da misericórdia no mundo humano. O verdadeiro significado da misericórdia não consiste apenas no olhar, por mais penetrante e mais cheio de compaixão que seja, com que se encara o mal moral, físico ou material. A misericórdia manifesta-se com a sua fisionomia característica quando *reavalia, promove e sabe tirar o bem de todas as formas de mal* existentes no mundo e no homem. Entendida dessa maneira, constitui o conteúdo fundamental da mensagem messiânica de Cristo e a força constitutiva da sua missão. Dessa mesma maneira entendiam e praticavam a misericórdia os discípulos e seguidores de Cristo. A misericórdia nunca cessou de se manifestar nos seus corações e nas suas obras, como prova particularmente criadora do amor, que não se deixa "vencer pelo mal", mas vence "o mal com o bem" (cf. Rm 12,21). É preciso que o rosto genuíno da misericórdia seja sempre descoberto de maneira nova. Não obstante vários preconceitos, a misericórdia apresenta-se como particularmente necessária nos nossos tempos.

V

O MISTÉRIO PASCAL

7. A MISERICÓRDIA REVELADA NA CRUZ E NA RESSURREIÇÃO

A mensagem messiânica de Cristo e a sua atividade entre os homens terminam com a cruz e a ressurreição. Se quisermos exprimir totalmente a verdade acerca da misericórdia, com a plenitude com que foi revelada na história da nossa salvação, devemos penetrar de maneira profunda nesse acontecimento final que, particularmente na linguagem conciliar, é definido como *mysterium paschale* (*mistério pascal*). Chegados a este ponto das nossas considerações, impõe-se aproximarmo-nos ainda mais do conteúdo da Encíclica *Redemptor Hominis*. Se a realidade da Redenção, na sua dimensão humana, revela a grandeza inaudita do homem que *talem ac tantum meruit habere Redemptorem* (mereceu tal e tão grande Redentor) (No *Exsultet* da Liturgia da Vigília Pascal), *a dimensão divina da Redenção* permite-nos descobrir de modo, deveria dizer, mais empírico e "histórico", a profundidade do amor que não retrocede diante do extraordinário sacrifício do Filho, para satisfazer à fidelidade de Criador e Pai para com os homens, criados à sua imagem e escolhidos neste mesmo Filho desde o "princípio", para a graça e a glória.

Os acontecimentos de Sexta-Feira Santa e, ainda antes, a oração no Getsêmani introduzem mudança fundamental em todo o processo de revelação do amor e da misericórdia na missão messiânica de Cristo. Aquele que "passou fazendo o bem e curando a todos" (At 10, 38) e "sarando toda a espécie de doenças e enfermidades" (Mt 9,35) mostra-se agora, ele próprio, digno da maior misericórdia, e parece *apelar para a misericórdia* quando é preso, ultrajado, condenado, flagelado, coroado de espinhos, pregado na cruz, e expira no meio de tormentos atrozes (cf. Mc 15,37; Jo 19,30). É então que ele se apresenta particularmente merecedor da misericórdia dos homens a quem fez o bem, mas não a recebe. Até aqueles que mais de perto contatam com ele não têm coragem de protegê-lo e arrancá-lo da mão dos seus opressores. Na fase final do desempenho da função messiânica, cumprem-se em Cristo as palavras dos Profetas e, sobretudo, as de Isaías, proferidas a respeito do Servo de Javé: "Fomos curados pelas suas chagas" (Is 53,5).

Cristo, enquanto homem, que sofre realmente e de um modo terrível no Jardim das Oliveiras e no Calvário, dirige-se ao Pai, àquele Pai cujo amor ele pregou aos homens e de cuja misericórdia deu testemunho com todo o seu agir. Mas não lhe é poupado, nem sequer a ele, o tremendo sofrimento da morte na cruz: "Aquele que não conhecera o pecado, Deus tratou-o por nós como pecado" (2Cor 5,21), escrevia São Paulo, resumindo em poucas palavras toda a profundidade do mistério da cruz e a dimensão divina da realidade da Redenção.

É precisamente a Redenção a última e definitiva revelação da santidade de Deus, que é a plenitude absoluta da perfeição: plenitude da justiça e do amor, pois a justiça funda-se no amor, dele provém e para ele tende. Na paixão e morte de Cristo – no fato de o Pai não ter poupado o seu próprio Filho, mas "o ter tratado como pecado por nós" (2Cor 5,21) –, manifesta-se a justiça absoluta, porque Cristo sofre a paixão e a cruz por causa dos pecados da humanidade. Dá-se na verdade a "superabundância" da justiça, porque os pecados do homem são "compensados" pelo sacrifício do Homem-Deus. Essa justiça, que é verdadeiramente justiça "à medida" de Deus, nasce toda do amor, do amor do Pai e do Filho, e frutifica inteiramente no amor. Precisamente por isso, a justiça divina revelada na cruz de Cristo é "à medida" de Deus, porque nasce do amor e se realiza no amor, produzindo frutos de salvação. A *dimensão divina da Redenção* não se verifica somente em ter feito justiça do pecado, mas também no fato de ter restituído ao amor a força criativa, graças à qual o homem tem novamente acesso à plenitude de vida e de santidade, que provém de Deus. Desse modo, Redenção traz em si a revelação da misericórdia na sua plenitude.

O mistério pascal é o ponto culminante da revelação e atuação da misericórdia, capaz de justificar o homem e de restabelecer a justiça como realização do desígnio salvífico que Deus, desde o princípio, tinha querido realizar no homem e, por meio do homem, no mundo. Cristo, ao sofrer, interpela todo e cada homem, e não apenas o homem crente. Até o homem que não crê poderá descobrir nele a eloquência da solidariedade com o destino humano, bem como a harmoniosa plenitude da dedicação desinteressada à causa do homem, à verdade e ao amor.

A dimensão divina do mistério pascal situa-se, todavia, numa profundidade ainda maior. A cruz erguida sobre o Calvário, na qual Cristo mantém o seu último diálogo com o Pai, *brota do âmago mais íntimo do amor*, com que o homem, criado à imagem e semelhança de Deus, foi gratuitamente beneficiado, de acordo com o eterno desígnio divino. Deus, tal como Cristo o revelou, não permanece apenas em estreita relação com o mundo, como Criador e fonte última da existência, mas também é Pai: está unido ao homem por ele chamado à existência no mundo visível, mediante um vínculo mais profundo ainda do que o da criação. É o amor que não só cria o bem, mas que também faz com que nos tornemos participantes da própria vida de Deus, Pai, Filho e Espírito Santo. Quem ama deseja dar a si próprio.

A cruz de Cristo sobre o Calvário surge *no caminho* daquele *admirabile commercium*, daquela *comunicação admirável de Deus ao homem, que encerra o chamamento* dirigido ao homem para que, dando a si mesmo a Deus e oferecendo consigo todo o mundo visível, participe da vida divina, e, como filho adotivo, se torne participante da verdade e do amor que estão em Deus e vêm de Deus. No caminho da eterna eleição do homem para a dignidade de filho adotivo de Deus, ergue-se na história a cruz de Cristo, Filho unigênito, que, como "Luz da Luz, Deus verdadeiro de Deus verdadeiro" (Símbolo Niceno-Constantinopolitano), veio para dar o último testemunho da admirável *aliança de Deus com a humanidade, de Deus com o homem*: com todos e com cada um dos homens. Essa aliança, tão antiga como o homem – pois remonta ao próprio mistério da criação, e foi renovada depois muitas vezes com o único povo eleito –, é igualmente nova e definitiva aliança; ficou estabelecida ali, no Calvário, e não é limitada a um único povo, o de Israel, mas aberta a todos e a cada um.

O que nos ensina, pois, a cruz de Cristo, que é, em certo sentido, a última palavra da sua mensagem e da sua missão messiânica? Em certo sentido – note-se bem –, porque não é ela ainda a última palavra da Aliança de Deus. A última palavra seria pronunciada na madrugada, quando, primeiro as mulheres e depois os Apóstolos, ao chegarem ao sepulcro de Cristo crucificado, o vão encontrar vazio, e ouvem pela primeira vez este anúncio: "Ressuscitou". Depois, repetirão aos outros tal anúncio e serão testemunhas de Cristo ressuscitado.

Mas, mesmo na glorificação do Filho de Deus, continua a estar presente a cruz que, através de todo o testemunho messiânico do Homem-Filho que nela morreu, *fala e não cessa de falar de Deus-Pai, que é absolutamente fiel ao seu eterno amor para com o homem*, pois que "amou tanto o mundo – e, portanto, o homem no mundo – que lhe deu o seu Filho unigênito para que todo aquele que nele crer não pereça, mas tenha a vida eterna" (cf. Jo 3,16). Crer no Filho crucificado significa "ver o Pai" (cf. Jo 14,9), significa crer que o amor está presente no mundo e que o amor é mais forte do que toda espécie de mal em que o homem, a humanidade e o mundo estão envolvidos. Crer nesse amor significa *acreditar na misericórdia*. Essa é, de fato, a dimensão indispensável do amor, é como que o seu segundo nome e, ao mesmo tempo, é o modo específico da sua revelação e atuação perante a realidade do mal que existe no mundo, que assedia e atinge o homem, que se insinua mesmo no seu coração e o "pode fazer perecer, na Geena" (Mt 10,28).

8. AMOR MAIS FORTE DO QUE A MORTE, MAIS FORTE DO QUE O PECADO

A cruz de Cristo sobre o Calvário é também testemunha da força do mal em relação ao próprio Filho de Deus: em relação àquele que, único dentre todos os filhos dos homens, era por sua natureza absolutamente inocente e livre do pecado, e cuja vinda ao mundo foi isenta da desobediência de Adão e da herança do pecado original. E eis que precisamente nele, em Cristo, é feita justiça do pecado à custa do seu sacrifício, da sua obediência "até à morte" (Fl 2,8). Aquele que era sem pecado, "Deus o tratou por nós como pecado" (2Cor 5,21). É feita justiça também da morte que, desde o início da história do homem, se tinha aliado ao pecado. E esse fazer-se justiça da morte realiza-se à custa da morte daquele que era sem pecado e o único que podia, mediante a própria morte, infligir a morte à morte (cf. 1Cor 15,54s). Desse modo, a *cruz de Cristo*, na qual o Filho consubstancial ao Pai presta *plena justiça a Deus*, é também *revelação radical da misericórdia*, ou seja, do amor que se opõe àquilo que constitui a própria raiz do mal na história do homem: se opõe ao pecado e à morte.

A cruz é o modo mais profundo de a divindade se debruçar sobre a humanidade e sobre tudo aquilo que o homem – especialmente nos momentos difíceis e dolorosos – considera seu infeliz destino. A cruz é como que um toque do amor eterno nas feridas mais dolorosas da existência terrena do homem, é o cumprir-se cabalmente do programa messiânico, que Cristo um dia tinha formulado na sinagoga de Nazaré (cf. Lc 4,18-21) e que repetiu depois diante dos enviados de João Batista (cf. Lc 7,20-23).

Segundo as palavras exaradas havia muito tempo na profecia de Isaías (cf. Is 35,5; 61,1-3), tal programa consistia na revelação do amor misericordioso para com os pobres, os que sofrem, os prisioneiros os cegos, os oprimidos e os pecadores. No mistério pascal são superadas as barreiras do mal multiforme de que o homem se torna participante durante a existência terrena. Com efeito, a cruz de Cristo faz-nos compreender as mais profundas raízes do mal que mergulham no pecado e na morte, e também ela se torna sinal escatológico. Será somente na realização escatológica e na definitiva renovação do mundo que *o amor vencerá, em todos os eleitos, os germes mais profundos do mal*, produzindo como fruto plenamente maduro o Reino da vida, da santidade e da imortalidade gloriosa. O fundamento dessa realização escatológica já está contido na cruz de Cristo e na sua morte. O fato de Cristo "ter ressuscitado ao terceiro dia" (1Cor 15,1) constitui o sinal que indica o remate da missão messiânica, sinal que coroa toda a revelação do amor misericordioso no mundo, submetido ao mal. Tal fato constitui ao mesmo tempo o sinal que preanuncia "um novo céu e uma nova terra" (Ap 21,1), quando Deus "enxugará todas as lágrimas dos seus olhos; e não haverá mais morte, nem pranto, nem gemidos, nem dor, porque as coisas antigas terão passado" (Ap 21,4).

Na realização escatológica, a misericórdia revelar-se-á como amor, enquanto no tempo presente, na história humana, que é conjuntamente história de pecado e de morte, o amor deve revelar-se, sobretudo, como misericórdia e ser realizado também como tal. O programa messiânico de Cristo – programa tão impregnado de misericórdia – torna-se o programa do seu povo da Igreja. Ao centro desse programa está sempre a cruz, porque nela a revelação do amor misericordioso atinge o ponto culminante. Enquanto não passarem "as coisas antigas" (cf. Ap 21,4), a cruz permanecerá como o "lugar" a que se poderiam aplicar estas palavras do Apocalipse de São João: "Eis que estou à porta e bato. Se alguém ouvir a minha voz e me abrir, entrarei em sua casa e cearemos juntos, eu com ele e ele comigo" (Ap 3,20). Deus revela também, de modo particular, a sua misericórdia, quando *solicita o homem*, por assim dizer, a exercitar a *"misericórdia" para com o seu próprio Filho*, para com o *Crucificado*.

Cristo, precisamente como Crucificado, é o Verbo que não passa (cf. Mt 24,25), é o que está à porta e bate ao coração de cada homem (cf. Ap 3,20), sem restringir a sua liberdade, mas procurando fazer irromper dessa mesma liberdade o amor; amor que é não apenas ato de solidariedade para com o Filho do homem que sofre, mas também, em certo modo, uma forma de "misericórdia", manifestada por cada um de nós para com o Filho do eterno Pai. Porventura, em todo o programa messiânico de Cristo, em toda a revelação da misericórdia pela cruz, poderia ser mais respeitada e elevada a dignidade do homem, já que o homem, se é objeto da misericórdia, é também, em certo sentido, aquele que ao mesmo tempo "exerce a misericórdia"?

Em última análise, não é acaso essa a posição que toma Cristo em relação ao homem, quando diz: "Sempre que fizestes isto a um destes meus irmãos... foi a mim que o fizestes" (Mt 25,40)? As palavras do Sermão da Montanha – "Bem-aventurados os misericordiosos, porque alcançarão misericórdia" (Mt 5,7) – não constituem, em certo sentido, uma síntese de toda a Boa-Nova, de todo o "admirável intercâmbio" (*admirabile commercium*) nela contido, que é uma lei simples, forte e ao mesmo tempo "suave", da *própria economia da Salvação*? Essas palavras do Sermão da Montanha, mostrando desde o ponto de partida as possibilidades do "coração humano" ("ser misericordiosos"), não revelem talvez, na mesma perspectiva, a profundidade do mistério de Deus, isto é, aquela imperscrutável unidade do Pai, do Filho e do Espírito Santo, em que o amor, contendo a justiça, dá origem à misericórdia, a qual, por sua vez, revela a perfeição da justiça?

O mistério pascal é Cristo na cúpula da revelação do imperscrutável mistério de Deus. É precisamente então que se verificam plenamente as palavras pronunciadas no Cenáculo: "Quem me vê, vê o Pai" (Jo 14,9). De fato Cristo, a quem o Pai "não poupou" (Rm 8,32) em favor do homem e que, na sua paixão, assim como no suplício da cruz, não encontrou misericórdia humana, na sua ressurreição revelou a plenitude daquele amor que o Pai nutre para com ele e, nele, para com todos os homens. Esse Pai "não é Deus de mortos, mas de vivos" (Mc 12,27). Na sua ressurreição, Cristo *revelou* o *Deus de amor misericordioso*, precisamente porque *aceitou a cruz como caminho para a ressurreição*. É por isso que, quando lembramos a cruz de Cristo, a sua paixão e morte, a nossa fé e a nossa esperança concentram-se nele, Ressuscitado, naquele mesmo Cristo, aliás, que "na tarde desse dia, que era o primeiro de semana... se pôs no meio deles" no Cenáculo, "onde se achavam juntos os discípulos... soprou sobre eles e lhes disse: 'Recebei o Espírito Santo. Àqueles a quem perdoardes os pecados, ser-lhes-ão perdoados e àqueles a quem os retiverdes ser-lhes-ão retidos'" (Jo 20,19-23).

Esse é o Filho de Deus, que, na sua ressurreição, experimentou em si, de modo radical, a misericórdia, isto é, o amor do Pai que *é mais forte do que a morte*. Ele é também o mesmo Cristo Filho de Deus, que, no termo – e, em certo sentido, já para além do termo – da sua missão messiânica, revela a si mesmo como fonte inexaurível de misericórdia, daquele amor que, na perspectiva ulterior da história da Salvação na Igreja, deve perenemente mostrar-se *mais forte do que o pecado*. Cristo pascal é a encarnação definitiva da misericórdia, o seu sinal vivo: histórico-salvífico e, simultaneamente, escatológico. Nesse mesmo espírito a Liturgia do tempo pascal põe nos nossos lábios as palavras do Salmo: "Cantarei eternamente as misericórdias do Senhor" (cf. Sl 89[88],2).

9. A MÃE DA MISERICÓRDIA

No cântico pascal da Igreja repercutem, com a plenitude do seu conteúdo profético, as palavras que Maria pronunciou durante a visita que fez a Isabel, esposa de Zacarias: "A sua misericórdia estende-se de geração em geração" (Lc 1,50). Tais palavras, já desde o momento da Encarnação, abrem nova perspectiva da história da Salvação. Após a ressurreição de Cristo, essa nova perspectiva passa para o plano histórico e, ao mesmo tempo, reveste-se de sentido escatológico novo. Desde então se sucedem sempre novas gerações de homens na imensa família humana, em dimensões sempre crescentes; sucedem-se também novas gerações do povo de Deus, assinaladas pelo sinal da cruz e da ressurreição e "seladas" (cf. 2Cor 1,21s) com o sinal do mistério pascal de Cristo, revelação absoluta daquela misericórdia que Maria proclamou à entrada da casa da sua parente: "A sua misericórdia estende-se de geração em geração" (Lc 1,50).

Maria é, pois, aquela que, de modo particular e excepcional – como ninguém mais –, experimentou a misericórdia e, também de modo excepcional, tornou possível, com o sacrifício do coração, a sua participação na revelação da misericórdia divina. Esse seu sacrifício está intimamente ligado à cruz do seu Filho, aos pés da qual ela haveria de encontrar-se no Calvário. Tal sacrifício de

Maria é uma singular participação na revelação da misericórdia, isto é, da fidelidade absoluta de Deus ao próprio amor, à Aliança que ele quis desde toda a eternidade e que no tempo realizou com o homem, com o seu povo e com a humanidade. É a participação na revelação que se realizou definitivamente mediante a cruz. *Ninguém jamais experimentou, como a Mãe do Crucificado*, o mistério da cruz, o impressionante encontro da transcendente justiça divina com o amor, o "ósculo" dado pela misericórdia à justiça (cf. Sl 85[84],11). Ninguém como Maria acolheu tão profundamente no seu coração tal mistério, no qual se verifica a dimensão verdadeiramente divina da Redenção, que se realizou no Calvário mediante a morte do seu Filho, acompanhada com o sacrifício do seu coração de mãe, com o seu *fiat* definitivo.

Maria, portanto, é *aquela que conhece mais profundamente o mistério da misericórdia divina*; conhece o seu preço e sabe quanto é elevado. Nesse sentido chamamos-lhe "Mãe da misericórdia", "Nossa Senhora da misericórdia" ou "Mãe da divina misericórdia". Em cada um desses títulos há um profundo significado teológico, porque exprimem a particular preparação da sua alma e de toda a sua pessoa para torná-la capaz de descobrir, primeiro, através dos complexos acontecimentos de Israel e, depois, daqueles que dizem respeito a cada um dos homens e à humanidade inteira, a misericórdia da qual todos se tornam participantes, segundo o eterno desígnio da Santíssima Trindade, "de geração em geração" (Lc 1,50).

Esses títulos que atribuímos à Mãe de Deus falam dela, sobretudo, como Mãe do Crucificado e do Ressuscitado, *daquela que, tendo experimentado a misericórdia de um modo excepcional*, "merece" igualmente *tal misericórdia* durante toda a sua vida terrena e, de modo particular, aos pés da cruz do Filho. Tais títulos dizem-nos também que ela, através da participação escondida e, ao mesmo tempo, incomparável na missão messiânica de seu Filho, foi chamada de modo especial para tornar próximo dos homens o amor que o Filho tinha vindo revelar: amor que encontra a sua mais concreta manifestação para com os que sofrem, os pobres, os que estão privados de liberdade, os cegos, os oprimidos e os pecadores, conforme Cristo explicou referindo-se à profecia de Isaías, ao falar na sinagoga de Nazaré (cf. Lc 4,18) e, depois, ao responder à pergunta dos enviados de João Batista (cf. Lc 7,22).

Precisamente desse amor "misericordioso", que se manifesta, sobretudo, em contato com o mal moral e físico, participava de modo singular e excepcional o coração daquela que foi a Mãe do Crucificado e do Ressuscitado. Nela e por meio dela, o mesmo amor não cessa de revelar-se na história da Igreja e da humanidade. Essa revelação é particularmente frutuosa, porque se funda, tratando-se da Mãe de Deus, na singular percepção do seu coração materno, na sua sensibilidade particular, na sua especial capacidade para atingir todos aqueles que *aceitam mais facilmente o amor misericordioso da parte de uma mãe*. É esse um dos grandes e vivificantes mistérios do cristianismo, mistério muito intimamente ligado ao mistério da Encarnação.

Essa maternidade de Maria na economia da graça – como se exprime o Concílio Vaticano II – perdura sem interrupção, a partir do consentimento que fielmente deu na anunciação e que manteve inabalável junto à cruz, até à consumação eterna de todos os eleitos. De fato, depois de elevada ao céu, não abandonou essa missão salvadora, mas, com a sua multiforme intercessão, continua a alcançar-nos os dons da salvação eterna. Cuida, com amor materno, dos irmãos de seu Filho, que, entre perigos e angústias, caminham ainda na terra até chegarem à Pátria bem-aventurada.[1]

---

[1] Const. Dogm. sobre a Igreja *Lumen Gentium*, 62: AAS 57 (1965), p. 63.

VI

"MISERICÓRDIA... DE GERAÇÃO EM GERAÇÃO"

10. IMAGEM DA NOSSA GERAÇÃO

Temos todo o direito de acreditar que também a nossa geração foi abrangida pelas palavras da Mãe de Deus, quando glorificava a misericórdia de que participam, "de geração em geração", aqueles que se deixam guiar pelo temor de Deus. As palavras do *Magnificat* de Maria têm conteúdo profético, que diz respeito não só ao passado de Israel, mas também a todo o futuro do povo de Deus sobre a terra. Com efeito, todos nós que vivemos atualmente na terra *somos a geração* que está consciente da aproximação do terceiro milênio e que *sente* profundamente a mudança que hoje se verifica na história.

A geração contemporânea tem consciência de ser uma geração privilegiada, porque o progresso lhe proporciona imensas possibilidades, insuspeitadas há apenas alguns decênios. A atividade criadora do homem, a sua inteligência e o seu trabalho provocaram mudanças profundas, quer no campo da ciência e da técnica, quer no plano da vida social e cultural. O homem, de fato, estendeu o seu domínio sobre a natureza e adquiriu conhecimento mais aprofundado das leis do seu próprio comportamento social. Verificou que caíram ou se tornaram menores os obstáculos e as distâncias que separam os homens e as nações: graças ao vivo sentido do que é universal e à consciência mais nítida da unidade do gênero humano, aceitando a dependência recíproca numa solidariedade autêntica; e em virtude, ainda, do desejo – e também da possibilidade – de entrar em contato com os seus irmãos e irmãs, ultrapassando as divisões artificialmente criadas pela geografia, ou pelas fronteiras nacionais ou raciais. Os jovens de hoje, sobretudo, sabem que o progresso da ciência e da técnica é capaz de produzir não somente novos bens materiais, mas também participação mais ampla no comum patrimônio do saber.

O desenvolvimento da informática, por exemplo, multiplicará as capacidades criadoras do homem e permitir-lhe-á o acesso aos bens de ordem intelectual e cultural dos outros povos. As novas técnicas da comunicação favorecerão maior participação nos acontecimentos e o intercâmbio crescente de ideias. As conquistas das ciências biológicas, psicológicas e sociais ajudarão o homem a penetrar na riqueza do seu próprio ser. Se é verdade que tal progresso continua a ser, muitas vezes, apanágio dos países industrializados, não se pode negar, contudo, que a perspectiva de se conseguir que todos os povos e todas as nações dele usufruam já não irá permanecer por muito tempo mera utopia, dado que existe real vontade política a esse respeito.

Mas, apesar de tudo isso – ou melhor, talvez por tudo isso –, existem dificuldades que se vão avolumando, inquietudes e impotências que exigem que se lhes dê a resposta profunda que o homem sabe que tem de dar. O quadro do mundo contemporâneo apresenta também sombras e desequilíbrios que nem sempre são superficiais. A Constituição Pastoral *Gaudium et Spes*, do Concílio Vaticano II, não é certamente o único documento que trata da vida da geração contemporânea, mas é um documento de importância singular. Nela se diz: "Na verdade, os desequilíbrios de que sofre o mundo atual estão ligados com aquele *desequilíbrio fundamental* que se radica no *coração do homem*, porque, no íntimo do próprio homem, muitos elementos se combatem. Enquanto, por uma parte, ele se experimenta como criatura que é, multiplamente limitado, por outra, sente-se ilimitado nos seus desejos e chamado a uma vida superior. Atraído por muitas solicitações, vê-se obrigado a escolher entre elas e a renunciar a algumas. Mais ainda, fraco e pecador, faz muitas vezes aquilo que não quer e não realiza o que deseja fazer. Sofre assim em si mesmo a divisão, da qual tantas e tão grandes discórdias se originam para a sociedade".[1]

Quase ao fim da introdução da mesma Constituição pastoral, lemos: "... Perante a atual evolução do mundo, cada dia são mais numerosos aqueles que põem ou sentem com

---

[1] Const. Past. sobre a Igreja no Mundo Contemporâneo *Gaudium et Spes*, 10: AAS 58 (1966), p. 1032.

maior acuidade, as questões fundamentais: Que é o homem? *Qual é o sentido da dor, do mal e da morte que*, apesar do enorme progresso alcançado, *continuam a existir*? Para que servem essas vitórias ganhas a tão grande preço?".[2]

Decorridos quase quinze anos após o encerramento do Concílio Vaticano II, ter-se-á tornado menos inquietante esse quadro de tensões e de ameaças, próprias da nossa época? Parece que não. Ao contrário, as tensões e as ameaças que no Documento conciliar pareciam apenas esboçar-se e não manifestar inteiramente todo o perigo que em si encerravam, no decurso destes anos revelaram-se mais claramente, confirmaram de várias maneiras o perigo e não permitem acalentar as ilusões de outrora.

11. FONTES DE INQUIETAÇÃO

Aumenta no nosso mundo a sensação de ameaça, aumenta o medo existencial que anda ligado, sobretudo – conforme já tive ocasião de insinuar na Encíclica *Redemptor Hominis* –, com a perspectiva de um conflito que, tendo em conta os hodiernos arsenais atômicos, poderia significar a autodestruição parcial da humanidade. A ameaça não diz respeito apenas ao que os homens podem fazer uns aos outros, utilizando os recursos da técnica militar. Ela envolve ainda muitos outros perigos que são o produto de

---

[2] Ibid.

uma civilização materialista, que, não obstante declarações "humanistas", aceita o primado das coisas sobre a pessoa. O homem contemporâneo receia que, com o uso dos meios técnicos inventados por esse tipo de civilização, não só *cada um dos indivíduos*, mas também os ambientes, as comunidades, as sociedades e as nações, *possam vir a ser vítimas da violência de outros* indivíduos, ambientes e sociedades. Na história do nosso século não faltam exemplos a esse respeito. Apesar de todas as declarações sobre os direitos do homem tomado na sua dimensão integral, isto é, na sua existência corpórea e espiritual, não podemos dizer que tais exemplos pertencem somente ao passado.

O homem tem justamente medo de vir a ser vítima da opressão que o prive da liberdade interior, da possibilidade de manifestar publicamente a verdade de que está convencido, da fé que professa, da faculdade de obedecer à voz da consciência que lhe indica o reto caminho a seguir. Os meios técnicos à disposição da civilização dos nossos dias encerram, de fato, não apenas a possibilidade de uma autodestruição por meio de um conflito militar, mas também *a possibilidade de uma sujeição* "pacífica" *dos indivíduos, dos ambientes de vida*, de inteiras sociedades e de nações que, seja por que motivo for, se apresentem incômodos para aqueles que dispõem de tais meios e estão prontos para empregá-los sem escrúpulos. Pense-se ainda na tortura que continua a existir no mundo, adotada sistematicamente por autoridades, como instrumento de dominação ou de opressão política, e posta em prática, impunemente, por subalternos.

Assim, ao lado da consciência da ameaça contra a vida, vai crescendo a consciência da ameaça que destrói ainda mais aquilo que é essencial ao homem, ou seja, aquilo que está intimamente relacionado com a sua dignidade de pessoa, com o seu direito à verdade e à liberdade.

Tudo isso se desenrola *tendo como pano de fundo o gigantesco remorso* constituído pelo fato de que, ao lado de homens e sociedades abastados e fartos, vivendo na abundância, dominados pelo consumismo e pelo prazer, não faltam na mesma família humana indivíduos e grupos sociais *que sofrem a fome*. Não faltam crianças que morrem de fome sob o olhar de suas mães. Não faltam, em várias partes do mundo, em vários sistemas socioeconômicos, áreas inteiras de miséria, de carência e de subdesenvolvimento. Esse fato é universalmente conhecido. O *estado de desigualdade* entre os homens e os povos não só perdura, mas até aumenta. Sucede ainda nos nossos dias que, ao lado dos que são abastados e vivem na abundância, há outros que vivem na indigência, padecem a miséria e, muitas vezes, até morrem de fome, cujo número atinge dezenas e centenas de milhões. É por isso que a inquietação moral está destinada a tornar-se cada vez mais profunda. Evidentemente, na base da economia contemporânea e da civilização materialista há uma falha fundamental ou, melhor dizendo, um conjunto de falhas ou até um mecanismo defeituoso, que não permite à família humana sair de situações tão radicalmente injustas.

Eis a imagem do mundo de hoje, onde existe tanto mal físico e moral, a ponto de o tornar um mundo enredado em tensões e contradições e, ao mesmo tempo, cheio de ameaças contra a liberdade humana, a consciência e a religião. Tal imagem explica a inquietação a que está sujeito o homem contemporâneo, inquietação sentida não só pelos que se acham desfavorecidos ou oprimidos, mas também por aqueles que gozam dos privilégios da riqueza, do progresso e do poder. Embora não faltem aqueles que procuram descobrir as causas de tal inquietação, ou reagir com os meios à disposição que lhes oferecem a técnica, a riqueza ou o poder, todavia, no mais fundo da alma humana, *tal inquietação supera todos os paliativos*. Como justamente concluiu na sua análise o Concílio Vaticano II, ela diz respeito aos problemas fundamentais de toda a existência humana. Essa inquietação está ligada ao próprio sentido da existência do homem no mundo. É mesmo inquietação quanto ao futuro do homem e de toda a humanidade e exige resoluções decisivas que hoje parecem impor-se ao gênero humano.

12. BASTARÁ A JUSTIÇA?

Não é difícil verificar que no mundo atual despertou em grande escala o *sentido da justiça*, o que indubitavelmente põe mais em relevo tudo o que se opõe à justiça, tanto nas relações entre os homens, grupos sociais ou "classes", como nas relações entre os povos ou os Estados, e até mesmo nas relações entre inteiros sistemas políticos ou os assim chamados "mundos". Essa corrente profunda e multiforme, em cuja base a consciência humana contemporânea situou a justiça, atesta o caráter ético das tensões e das lutas que avassalam o mundo.

A *Igreja compartilha com os homens do nosso tempo* esse profundo e ardente desejo de vida justa sob todos os aspectos. Não deixa de fazer objeto de reflexão os vários aspectos da justiça exigida pela vida dos homens e das sociedades. Bem o comprova o amplo desenvolvimento alcançado no último século pela doutrina social católica. Na linha desse ensino, situam-se tanto a educação e a formação das consciências humanas no espírito da justiça como as iniciativas que, animadas pelo mesmo espírito, se vão desenvolvendo, especialmente, no campo do apostolado dos leigos.

Apesar disso, seria difícil não se dar conta de que, muitas vezes, *os programas que têm como ponto de partida a ideia da justiça*, e que devem servir para sua realização na convivência dos homens, dos grupos e das sociedades humanas, *na prática, sofrem deformações*. Embora depois continuem a apelar para a mesma ideia de justiça, todavia, a experiência mostra que sobre ela predominam certas forças negativas, como o rancor, o ódio e até a crueldade. Então, a ânsia de aniquilar o inimigo, de limitar a sua liberdade, ou mesmo de lhe impor dependência total, torna-se o motivo fundamental da ação. Isso contrasta com a essência da justiça, que, por sua natureza, tende a estabelecer a igualdade e o equilíbrio entre as partes em conflito. Essa espécie de abuso da ideia de justiça e a sua alteração prática demonstram quanto a ação humana *pode afastar-se da própria justiça*, muito embora seja empreendida em seu nome.

Não sem razão, Cristo reprovava nos seus ouvintes, fiéis à doutrina do Antigo Testamento, a disposição manifestada nestas palavras: "Olho por olho, dente por dente" (Mt 5,38). Era essa a forma de alterar a justiça naquele tempo; e as formas de hoje continuam a pautar-se pelo mesmo modelo. É óbvio, efetivamente, que, em nome de uma pretensa justiça (por exemplo, histórica ou de classe), muitas vezes se aniquila o próximo, se mata, se priva da liberdade e se despoja dos mais elementares direitos humanos. A experiência do passado e do nosso tempo demonstra que a justiça, por si só, não basta e pode até levar à negação e ao aniquilamento de si própria, se não se permitir *àquela força mais profunda, que é o amor*, plasmar a vida humana nas suas várias dimensões. Foi precisamente a experiência da realidade histórica que levou à formulação do axioma: *summum ius, summa iniuria*. Tal afirmação não tira o valor da justiça nem atenua o significado da ordem instaurada sobre ela, mas indica, apenas, sob outro aspecto, a necessidade de recorrer às forças mais profundas do espírito, que condicionam a própria ordem da justiça.

Tendo diante dos olhos a imagem da geração de que fazemos parte, a *Igreja compartilha a inquietação de não poucos homens contemporâneos*. Além disso, devemos preocupar-nos também com o declínio de muitos valores fundamentais que constituem valor incontestável não só da moral cristã, mas até, *simplesmente, da moral humana, da cultura moral*, como sejam o respeito pela vida humana, desde o momento da concepção, o respeito pelo matrimônio, com a sua unidade indissolúvel, e o respeito pela estabilidade da família. O permissivismo moral atinge, sobretudo, esse setor mais sensível da vida e da convivência humana. Paralelamente, andam também a crise da verdade nas relações dos homens entre si, a falta de sentido de responsabilidade pela palavra, o utilitarismo nas relações dos homens entre si, a diminuição do sentido do autêntico bem comum e a facilidade com que esse é sacrificado. Enfim, é a dessacralização, que se transforma, muitas vezes, em "desumanização"; o homem e a sociedade, para os quais nada é "sagrado", decaem moralmente, apesar de todas as aparências.

VII

A MISERICÓRDIA DE DEUS NA MISSÃO DA IGREJA

Em relação com essa imagem da nossa geração, que não pode deixar de despertar profunda inquietação, vêm à minha mente as palavras que, por motivo da Encarnação do Filho de Deus, ressoaram no *Magnificat* de Maria e que cantam a "misericórdia... de geração em geração". Conservando sempre no coração a eloquência dessas palavras inspiradas, e aplicando-as às experiências e aos sofrimentos próprios da grande família humana, é preciso que a Igreja do nosso tempo tome consciência mais profunda e particular da necessidade de *dar testemunho da misericórdia de Deus* em toda a sua missão, em continuidade com a tradição da Antiga e da Nova Aliança, e, sobretudo, no seguimento do próprio Cristo e dos seus Apóstolos. A Igreja deve dar testemunho da misericórdia de Deus revelada em Cristo, ao longo de toda a sua missão de Messias, *professando-a*, em primeiro lugar, como verdade salvífica de fé, necessária para a vida em harmonia com a fé; depois, *procurando introduzi-la e encarná-la na vida* tanto dos fiéis como, na medida do possível, na de todos os homens de boa vontade. Finalmente, professando a misericórdia e permanecendo-lhe sempre fiel, a Igreja tem o direito e o dever de apelar para a misericórdia de Deus, *implorando-a* perante todas as formas do mal físico ou moral, diante de todas as ameaças que tornam carregado o horizonte da humanidade contemporânea.

13. A IGREJA PROFESSA E PROCLAMA A MISERICÓRDIA DE DEUS

A Igreja deve *professar e proclamar a misericórdia divina em toda a sua verdade*, tal como nos é transmitida pela Revelação. Nas páginas anteriores do presente documento, procurei delinear ao menos o perfil dessa verdade, tão ricamente expressa em toda a Sagrada Escritura e na Tradição.

Na vida cotidiana da Igreja, a verdade sobre a misericórdia de Deus, expressa na Bíblia, repercute-se como eco perene em numerosas leituras da Sagrada Liturgia. E o autêntico sentido da fé do povo de Deus percebe-a bem, como atestam várias expressões da piedade pessoal e comunitária. Seria certamente difícil enumerá-las e resumi-las todas, dado que a maior parte delas está só gravada vivamente no íntimo dos corações e das consciências humanas. Há teólogos que afirmam ser a misericórdia o maior dos atributos e perfeições de Deus, e a Bíblia, a Tradição e toda a vida de fé do povo de Deus oferecem-nos testemunhos inesgotáveis disso. Não se trata aqui da perfeição da imperscrutável essência de Deus no mistério da própria divindade, mas da perfeição e do atributo, graças aos quais o homem, na verdade íntima da sua existência, se encontra com maior intimidade e maior frequência em relação autêntica com o Deus vivo. De acordo com as palavras que Cristo dirigiu a Filipe (cf. Jo 14,9s), "a visão do Pai" – visão de Deus mediante a fé – tem precisamente, no encontro com a sua misericórdia, um momento singular de simplicidade e verdade interior, como aquele que nos é dado ver na parábola do filho pródigo.

"Quem me vê, vê o Pai" (cf. Jo 14,9s). A Igreja professa a misericórdia de Deus, a Igreja vive dela na sua vasta experiência de fé e também no seu ensino, contemplando constantemente a Cristo, concentrando-se nele, na sua vida e no seu Evangelho, na sua cruz e ressurreição, enfim, em todo o seu mistério. Tudo isso, que forma a "visão" de Cristo na fé viva e no ensino da Igreja, aproxima-nos da "visão do Pai" na santidade da sua misericórdia. A Igreja parece professar, de modo particular, a misericórdia de Deus e venerá-la, voltando-se para o Coração de Cristo. De fato, a aproximação de Cristo, no mistério do seu Coração, permite determo-nos nesse ponto da revelação do amor misericordioso do Pai, que constituiu, em certo sentido, o núcleo central – e, ao mesmo tempo, o mais acessível no plano humano – da missão messiânica do Filho do Homem.

A Igreja vive a vida autêntica quando *professa e proclama a misericórdia*, o mais admirável atributo do Criador e do Redentor, e quando aproxima os homens das fontes da misericórdia do Salvador, das quais ela é depositária e dispensadora. Nesse contexto, assumem grande significado a meditação constante da Palavra de Deus e, sobretudo, a participação consciente e refletida *na Eucaristia e no sacramento da Penitência ou Reconciliação.*

A Eucaristia aproxima-nos sempre do amor que é mais forte do que a morte. Com efeito, "todas as vezes que comemos deste pão e bebemos deste cálice" não só anunciamos a morte do Redentor, mas também proclamamos a sua ressurreição, "enquanto esperamos a sua vinda gloriosa" (cf. 1Cor 11,26).[1] A própria ação eucarística, celebrada em memória daquele que, na sua missão messiânica, nos revelou o Pai por meio da Palavra e da cruz, atesta o inexaurível *amor*, em virtude do qual ele deseja sempre unir-se e como que tornar-se uma só coisa conosco, vindo ao encontro de todos os corações humanos.

O sacramento da Penitência ou Reconciliação aplana o caminho a cada um dos homens, mesmo quando sobrecarregados com graves culpas. Nesse Sacramento, todos os homens podem experimentar de modo singular a misericórdia, isto é, aquele amor que é mais forte do que o pecado. Convém que esse tema fundamental, apesar de já tratado na Encíclica *Redemptor Hominis*, seja abordado mais uma vez.

Precisamente porque existe o pecado no mundo, neste mundo que "Deus amou tanto..., que lhe deu o seu Filho unigênito" (Jo 3,16), Deus, que "é amor" (Jo 4,8), *não se pode revelar de outro modo* a não ser *como misericórdia,*

---

[1] Aclamação no Missal Romano.

a qual corresponde não somente à verdade mais profunda daquele amor que Deus é, mas ainda a toda a verdade interior do homem e do mundo, sua pátria temporária.

A misericórdia em si mesma, como perfeição de Deus infinito, é também infinita. Infinita, portanto, e inexaurível é a prontidão do Pai em acolher os filhos pródigos que voltam à sua casa. *São infinitas também a prontidão e a força do perdão* que brotam continuamente do admirável valor do Sacrifício do Filho. Nenhum pecado humano prevalece sobre essa força nem sequer a limita. Da parte do homem, pode limitá-la somente a falta de boa vontade, a falta de prontidão na conversão e na penitência, isto é, o permanecer na obstinação, que está em oposição com a graça e a verdade, especialmente diante do testemunho da cruz e da ressurreição de Cristo.

É por isso mesmo que a Igreja professa e proclama a conversão. A conversão a Deus consiste *sempre na descoberta da sua misericórdia*, isto é, do amor que é "paciente e benigno" (cf. 1Cor 13,4), como o é o Criador e Pai; amor ao qual "Deus e Pai de nosso Senhor Jesus Cristo" (2Cor 1,3) é fiel até às últimas consequências na história da Aliança com o homem, até à cruz, à morte e à ressurreição do seu Filho. A conversão a Deus é sempre fruto do retorno para junto desse Pai, "rico em misericórdia".

O autêntico conhecimento do Deus da misericórdia, Deus do amor benigno, é a fonte constante e inexaurível de conversão, não somente como momentâneo ato interior, mas também como disposição permanente, como estado de espírito. Aqueles que assim chegam ao conhecimento de Deus, aqueles que assim o "veem", não podem viver de outro modo que não seja se convertendo a ele continuamente. Passam a viver *in statu conversionis*, em estado de conversão; e é esse estado que constitui a característica mais profunda da peregrinação de todo homem sobre a terra *in statu viatoris*, em estado de peregrino. É evidente que a Igreja professa a misericórdia de Deus, revelada em Cristo crucificado e ressuscitado, não somente com as palavras do seu ensino, mas sobretudo com a pulsação mais profunda da vida de todo o povo de Deus. Mediante esse testemunho de vida, a Igreja cumpre a sua missão própria como povo de Deus, missão que participa da própria missão messiânica de Cristo, e que, em certo sentido, a continua.

A Igreja contemporânea está profundamente consciente de que só apoiada na misericórdia de Deus poderá realizar as tarefas que derivam da doutrina do Concílio Vaticano II; e, em primeiro lugar, a tarefa ecumênica, que tende a unir todos os que creem em Cristo. Empregando múltiplos esforços nesse sentido, a Igreja confessa com humildade que somente o *amor*, que é mais poderoso do que a fraqueza das divisões humanas, *pode realizar definitivamente a unidade* que Cristo pedia ao Pai, e que o Espírito não cessa de pedir para nós "com gemidos inexprimíveis" (Rm 8,26).

14. A IGREJA PROCURA PÔR EM PRÁTICA A MISERICÓRDIA

Jesus Cristo ensinou que o homem não só recebe e experimenta a misericórdia de Deus, mas é também chamado a "ter misericórdia" para com os demais. "Bem-aventurados os misericordiosos, porque alcançarão misericórdia" (Mt 5,7). A Igreja vê nestas palavras um apelo à ação e esforça-se por praticar a misericórdia. Se todas as bem-aventuranças do Sermão da Montanha indicam o caminho da conversão e da mudança de vida, a que se refere aos misericordiosos é particularmente eloquente a tal respeito. O homem alcança o amor misericordioso de Deus e a sua misericórdia à medida que ele próprio se transforma interiormente, segundo o espírito de amor para com o próximo.

Esse processo autenticamente evangélico não consiste em uma transformação espiritual realizada de uma vez para sempre, mas é um completo estilo de vida, uma característica essencial e contínua da vocação cristã. Consiste, pois, na descoberta constante e na prática perseverante do *amor, como força que ao mesmo tempo unifica e eleva*, não obstante todas as dificuldades de natureza psicológica ou social. Trata-se, efetivamente, de um *amor misericordioso* que, por sua essência, é amor criador. O amor misericordioso, nas relações recíprocas entre os homens, nunca é um ato ou um processo unilateral. Ainda nos casos em que tudo pareceria indicar que apenas uma parte oferece e dá, e a outra não faz mais do que aceitar e receber (por exemplo, no caso do médico que cura, do mestre que ensina, dos pais que sustentaram e educam os filhos, do benfeitor que socorre os necessitados), de fato, também aquele que dá é sempre beneficiado. De qualquer maneira, também ele pode facilmente vir a encontrar-se na posição de quem recebe, de alguém que obtém um benefício, experimenta o amor misericordioso ou se encontra em estado de ser objeto de misericórdia.

Nesse sentido, Cristo crucificado é para nós o modelo, a inspiração e o incitamento mais nobre. Baseando-nos nesse *impressionante modelo*, podemos, com toda humildade, manifestar a misericórdia para com os outros, sabendo que Cristo a aceita como se tivesse sido praticada para com ele próprio (cf. Mt 25,34-40). Segundo esse modelo, devemos também purificar continuamente todas as ações e todas as intenções em que a misericórdia é entendida e praticada de modo unilateral, como um bem feito apenas aos outros. Ela é realmente um ato de amor misericordioso só quando, ao praticá-la, estivermos profundamente convencidos de que, ao mesmo tempo, estamos a recebendo da parte daqueles que a recebem de nós. Se faltar essa bilateralidade e reciprocidade, as nossas ações não são ainda autênticos atos de misericórdia. Não se realizou ainda plenamente em nós a conversão, cujo caminho nos foi ensinado por Cristo com palavras e exemplos, até à cruz, nem participamos ainda completamente da *fonte magnífica do amor misericordioso* que nos foi revelada por ele.

O caminho que Cristo nos indicou no Sermão da Montanha, com a bem-aventurança dos misericordiosos, é muito mais rico do que aquilo que, por vezes, podemos advertir nos habituais juízos humanos sobre o tema da misericórdia. Tais juízos apresentam ordinariamente a misericórdia como ato ou processo unilateral, que pressupõe e mantém as distâncias entre aquele que pratica a misericórdia e aquele que dela é objeto, entre aquele que faz o bem e o que o recebe. Daqui nasce a pretensão de libertar da misericórdia as relações humanas e sociais e de baseá-las somente na justiça. Tais juízos sobre a misericórdia não têm em conta o vínculo fundamental que existe entre a misericórdia e a justiça, de que fala toda a tradição bíblica e, sobretudo, a atividade messiânica de Jesus Cristo. A *misericórdia autêntica é, por assim dizer, a fonte mais profunda da justiça*. Se essa é, em si mesma, apta para "servir de árbitro" entre os homens na recíproca repartição justa dos bens materiais, o amor, pelo contrário, e somente o amor (e, portanto, também o amor benevolente que chamamos "misericórdia"), é capaz de restituir o homem a si próprio.

A *misericórdia* autenticamente cristã é ainda, em certo sentido, a *mais perfeita encarnação* da "igualdade" entre os homens e, por conseguinte, também a encarnação mais perfeita da justiça, na medida em que esta, no seu campo, tem em vista o mesmo resultado. Enquanto a igualdade introduzida mediante a justiça se limita ao campo dos bens objetivos e extrínsecos, o amor e a misericórdia fazem com que os homens se encontrem uns com os outros naquele valor que é o mesmo homem, com a dignidade que lhe é própria. Ao mesmo tempo, a "igualdade" dos homens mediante o amor "paciente e benigno" (cf. 1Cor 13,4) não elimina as diferenças. Aquele que dá torna-se mais generoso, quando se sente recompensado por aquele que recebe o seu dom. E, vice-versa, o que sabe receber o dom com a consciência de que também ele faz o bem, ao recebê-lo, está, por seu lado, a servir a grande causa da dignidade da pessoa, e contribui para unir mais profundamente os homens entre si.

A misericórdia torna-se, assim, elemento indispensável para dar forma às relações mútuas entre os homens, em espírito do mais profundo respeito por aquilo que é humano e pela fraternidade recíproca. É impossível conseguir que se estabeleça esse vínculo entre os homens se se pretende regular as suas relações mútuas unicamente com a medida da justiça. Esta, em toda a gama das relações entre os homens, deve submeter-se, *por assim dizer, a uma "correção" notável* por parte daquele amor que, como proclama São Paulo, "é paciente" e "benigno", ou, por outras palavras, que encerra em si as características do amor misericordioso, tão essenciais para o Evangelho como para o cristianismo. Tenhamos presente, além disso, que o *amor misericordioso* implica também *ternura, compaixão e sensibilidade do coração*, de que tão eloquentemente nos fala a parábola do filho pródigo (cf. Lc 15,11-32), ou a da ovelha e a da dracma perdidas (cf. Lc 15,1-10). O amor misericordioso é, sobretudo, indispensável entre aqueles que estão mais próximos: os cônjuges, os pais e os filhos e os amigos; e é de igual modo indispensável na educação e na pastoral.

O seu campo de ação não se confina, porém, só a isso. Se Paulo VI, por mais de uma vez, indicou que a "civilização do amor"[2] é o fim para o qual devem tender todos os esforços tanto no campo social e cultural como no campo econômico e político, é preciso acrescentar que esse fim nunca será alcançado se nas nossas concepções e nas nossas atuações, relativas às amplas e complexas esferas da convivência humana, nos detivermos no critério do "olho por olho, dente por dente" (Mt 5,38), e, ao contrário, não tendermos para transformá-lo essencialmente, completando-o com outro espírito. É nessa direção que nos conduz também o Concílio Vaticano II, quando, ao falar repetidamente da necessidade de *tornar o mundo mais humano*,[3] centraliza a missão da Igreja no mundo contemporâneo precisamente na realização dessa tarefa. O mundo dos homens só se tornará mais humano se introduzirmos no quadro multiforme das relações interpessoais e sociais, juntamente com a justiça,

---

[2] Cf. *Insegnamenti di Paolo VI*, vol. XIII (1975), p. 1568 (Discurso no encerramento do Ano Santo de 1975, 25-XII-1975); e vol. XIV (1976), p. 40-42.

[3] Cf. Const. Past. sobre a Igreja no Mundo Contemporâneo *Gaudium et Spes*, 40: AAS 58 (1956), p. 1057-1059; Paulo PP. VI, Exort. Apost. *Paterna cum Benevolentia*, especialmente nos nn. 1 e 6: AAS 67 (1975), p. 7-9 e 17-23.

o "amor misericordioso", que constitui a mensagem messiânica do Evangelho.

O mundo dos homens só poderá tornar-se "cada vez mais humano" quando introduzirmos em todas as relações recíprocas, que formam a sua fisionomia moral, o momento do perdão, tão essencial no Evangelho. O perdão atesta que no mundo está presente *o amor mais forte que o pecado*. O perdão, além disso, é a condição fundamental da reconciliação, não só nas relações de Deus com o homem, mas também nas relações recíprocas dos homens entre si. Um mundo do qual se eliminasse o perdão seria apenas um mundo de justiça fria e sem respeito, em nome da qual cada um reivindicaria os próprios direitos em relação aos demais. Desse modo, as várias espécies de egoísmo, latentes no homem, poderiam transformar a vida e a convivência humana em um sistema de opressão dos mais fracos pelos mais fortes, ou até em uma arena de luta permanente de uns contra os outros.

Em todas as fases da história, mas especialmente na época atual, a Igreja deve considerar como um dos seus principais deveres *proclamar e introduzir na vida* o mistério da misericórdia, revelado no mais alto grau em Jesus Cristo. Esse mistério, não só para a própria Igreja, como comunidade dos fiéis, mas também, em certo sentido, para todos os homens, é fonte de vida diferente daquela que é capaz de construir o homem, exposto às forças prepotentes da tríplice concupiscência que nele operam (cf. 1Jo 2,16). É em nome desse mistério, precisamente, que Cristo nos ensina a perdoar sempre. Quantas vezes repetimos as palavras da oração que ele próprio nos ensinou, pedindo: "*Perdoai-nos as nossas ofensas, assim como nós perdoamos* a quem nos tem ofendido", isto é, aos que são culpados em relação a nós (Mt 6,12)! É realmente difícil expressar o valor profundo da atitude que tais palavras designam e inculcam. Quantas coisas dizem a cada homem acerca do seu semelhante e também acerca de si próprio! A consciência de sermos devedores uns para com os outros anda junto com o apelo à solidariedade fraterna, que São Paulo exprimiu concisamente convidando-nos a suportar-nos "uns aos outros com caridade" (Ef 4,2; Gl 6,2). Que lição de humildade não está encerrada aqui, em relação ao homem, ao próximo e, também, a nós mesmos! Que escola de boa vontade para a vida comum de cada dia, nas várias condições da nossa existência! Se não déssemos atenção a essa norma, que restaria de qualquer programa "humanista" da vida e da educação?

Cristo sublinha com insistência a necessidade de perdoar aos outros. Quando Pedro lhe perguntou quantas vezes devia perdoar ao próximo, indicou-lhe o número simbólico de "setenta vezes sete" (Mt 18,22), querendo dessa forma indicar-lhe que deveria saber perdoar sempre a todos e a cada um.

É evidente que exigência tão generosa em *perdoar não anula as exigências objetivas da justiça*. A justiça bem entendida constitui, por assim dizer, a finalidade do perdão. Em nenhuma passagem do Evangelho o perdão, nem mesmo a misericórdia como sua fonte, significam indulgência para com o mal, o escândalo, a injúria causada ou os ultrajes. Em todos esses casos, a reparação do mal ou do escândalo, a compensação do prejuízo causado e a satisfação da ofensa são condição do perdão.

Assim, a estrutura fundamental da justiça penetra sempre no campo da misericórdia. Esta, no entanto, tem o condão de conferir à justiça um conteúdo novo, que se exprime, do modo mais simples e pleno, no perdão. O perdão manifesta que, além do processo de "compensação" e de "trégua" que é a característica da justiça, é necessário o amor para que o homem se afirme como tal. O cumprimento das condições da justiça é indispensável, sobretudo, para que o amor possa revelar a sua própria fisionomia. Ao analisarmos a parábola do filho pródigo, dirigíamos a atenção para o fato de que aquele *que perdoa e o que é perdoado* se encontram em um ponto essencial, que é a dignidade, isto é, o valor essencial do homem, que não se pode deixar perder e cuja afirmação, ou reencontro, são origem da maior alegria (cf. Lc 15,32).

Com razão, a Igreja considera seu dever e objetivo da sua missão *assegurar a autenticidade do perdão*, tanto na vida e no comportamento concreto como na educação e na pastoral. Não a protege de outro modo senão guardando a sua fonte, isto é, o mistério da misericórdia de Deus, revelado em Jesus Cristo.

Em todos os domínios a que se referem numerosas indicações do recente Concílio e a plurissecular experiência do apostolado, na base da missão da Igreja não existe outra preocupação senão ir "beber nas fontes do Salvador" (cf. Is 12,3). Daí provêm as múltiplas orientações para a missão da Igreja, tanto na vida de cada cristão como na de cada comunidade ou de todo o povo de Deus. O "beber nas fontes do Salvador" só se pode realizar com o espírito de pobreza a que o Senhor nos chamou com as palavras e com o exemplo: "O que recebestes de graça, dai-o também de graça" (Mt 10,8). Assim, em todos os caminhos da vida e do ministério da Igreja – através da pobreza evangélica dos ministros e dispensadores e de todo o povo, que dão testemunho "das grandes maravilhas" do seu Senhor –, manifesta-se ainda melhor Deus, que é "rico em misericórdia".

VIII

A ORAÇÃO DA IGREJA DOS NOSSOS TEMPOS

15. A IGREJA FAZ APELO À MISERICÓRDIA DIVINA

A Igreja proclama a verdade da misericórdia de Deus, revelada em Cristo crucificado e ressuscitado, e proclama-a de várias maneiras. Procura também praticar a misericórdia para com os homens por meio dos homens, como condição indispensável da sua solicitude por um mundo melhor e "mais humano", hoje e amanhã.

Mas, além disso, em nenhum momento e em nenhum período da história, especialmente numa época tão crítica como a nossa, pode esquecer a *oração que é um grito de súplica à misericórdia de Deus*, perante as múltiplas formas do mal que pesam sobre a humanidade e a ameaçam. Tal é o direito e o dever da Igreja, em Cristo Jesus: direito e dever para com Deus e para com os homens. Quanto mais a consciência humana, vítima da secularização, esquecer o próprio significado da palavra "misericórdia", e quanto mais, afastando-se de Deus, se afastar do mistério da misericórdia, tanto mais a *Igreja tem o direito e o dever* de apelar "com grande clamor" (cf. Hb 5,7) para o Deus da misericórdia.

Esse "grande clamor", elevado até Deus para implorar a sua misericórdia, há de caracterizar a Igreja do nosso tempo. A mesma Igreja professa e proclama que a manifestação clara de tal misericórdia se verificou em Jesus crucificado e ressuscitado, isto é, no Mistério pascal. É esse Mistério que contém em si a mais completa revelação da misericórdia, isto é, daquele amor que é mais forte do que a morte, mais poderoso do que o pecado e que todo o mal, do amor que ergue o homem das suas quedas, mesmo mais profundas, e o liberta das maiores ameaças.

O homem contemporâneo sente essas ameaças. O que se disse acima a esse propósito não é mais do que simples esboço. O homem contemporâneo interroga-se com profunda ansiedade quanto à solução das terríveis tensões que se acumulam sobre o mundo e se entrecruzam nos caminhos da humanidade. Se algumas vezes o homem não tem *coragem de pronunciar a palavra "misericórdia"*, ou não lhe encontra equivalente na sua consciência despojada de todo sentido religioso, *ainda se torna mais necessário que a Igreja pronuncie essa palavra*, não só em nome próprio, mas também em nome de todos os homens contemporâneos.

É, pois, necessário que tudo o que acabamos de dizer no presente documento, sobre a misericórdia, *se transforme continuamente em fervorosa oração*, em um clamor a suplicar a misericórdia, segundo as necessidades do homem no mundo contemporâneo. E que esse clamor *esteja impregnado de toda a verdade sobre a misericór-dia*, que tem expressão tão rica na Sagrada Escritura e na Tradição, e também na autêntica vida de fé de tantas gerações do povo de Deus. Com esse clamor apelamos, como fizeram os Autores sagrados, para o Deus que não pode desprezar nada daquilo que ele criou (cf. Sb 11,24; Sl 145[144],9; Gn 1,31), para o Deus que é fiel a si próprio, à sua paternidade e ao seu amor.

Como os profetas, apelamos para o amor que tem características maternais e, à semelhança da mãe, vai acompanhando cada um dos seus filhos, cada ovelha desgarrada, ainda que houvesse milhões de extraviados, ainda que no mundo a iniquidade prevalecesse sobre a honestidade e ainda que a humanidade contemporânea merecesse pelos seus pecados um novo "dilúvio", como outrora sucedeu com a geração de Noé. Recorramos, pois, a tal amor, que permanece amor paterno, como nos foi revelado por Cristo na sua missão messiânica, e que atingiu o ponto culminante na sua cruz, morte e ressurreição! Recorramos a Deus por meio de Cristo, lembrados das palavras do *Magnificat* de Maria, que proclamam a misericórdia "de geração em geração". Imploremos a misericórdia divina para a geração contemporânea! Que a Igreja, que procura ser, a exemplo de Maria, em Deus, mãe dos homens, exprima nessa oração a sua solicitude maternal e o seu amor confiante, de onde nasce a mais ardente necessidade da oração.

Elevemos as nossas *súplicas, guiados pela fé, pela esperança e pela caridade*, que Cristo implantou nos nossos corações. Essa atitude é, ao mesmo tempo, amor para com Deus, que o homem contemporâneo por vezes afastou tanto de si, que o considera um estranho e de várias maneiras o proclama "supérfluo". É, ainda, *amor para com Deus* em relação ao qual sentimos profundamente quando o homem contemporâneo o ofende e o rejeita; e por isso estamos prontos para clamar com Cristo na cruz: "Pai, perdoa-lhes, porque não sabem o que fazem" (Lc 23,34). Tal atitude é também *amor para com os homens*, para com todos os homens, sem exceção e sem qualquer discriminação: sem diferenças de raça, de cultura, de língua, de concepção do mundo e sem distinção entre amigos e inimigos. Tal é o amor para com todos os homens, que deseja todo o bem verdadeiro a cada um deles, e a toda comunidade humana, a cada família, nação, grupo social, aos jovens, aos adultos, aos pais, anciãos e doentes, enfim, amor para com todos sem exceção. Tal é o amor, essa viva solicitude para garantir a cada um todo o bem autêntico e afastar e esconjurar todo o mal.

Se alguns contemporâneos não compartilharem comigo a fé e a esperança que me impelem, como servo de Cristo e ministro dos mistérios de Deus (cf. 1Cor 4,1), a implorar nesta hora da história a misericórdia do mesmo Deus para a humanidade, que esses procurem ao menos compreender o *motivo* dessa *solicitude. Ela é ditada pelo amor para com o homem,* para com tudo o que é humano e que, segundo a intuição de grande parte dos nossos contemporâneos, está ameaçado por perigo imenso. O mistério de Cristo que, revelando-nos a alta vocação do homem, me levou a pôr em evidência na Encíclica *Redemptor Hominis* a incomparável dignidade do mesmo homem, obriga-me igualmente a proclamar a misericórdia, como amor misericordioso de Deus, manifestado no mistério de Cristo. Impele-me ainda a recorrer à misericórdia e a implorá-la, nesta fase difícil e crítica da história da Igreja e do mundo, ao aproximarmo-nos do final do segundo milênio.

Em nome de Jesus Cristo crucificado e ressuscitado, e no espírito da sua missão messiânica que continua presente na história da humanidade, elevemos as nossas vozes e supliquemos que nesta fase da história se manifeste uma vez mais o Amor que está no Pai e que, por obra do Filho e do Espírito Santo, tal Amor manifeste no nosso mundo contemporâneo a sua presença, mais forte do que o mal, e o pecado e a morte. Pedimos isso por intercessão daquela que não cessa de proclamar "a misericórdia, de geração em geração"; e também pela intercessão daqueles em que já se realizaram até ao fim as palavras do Sermão da Montanha: "Bem-aventurados os misericordiosos, porque alcançarão misericórdia" (Mt 5,7).

Prosseguindo na grande tarefa de dar cumprimento ao Concílio Vaticano II, no qual podemos justamente descobrir nova fase da autorrealização da Igreja – na medida adaptada à época que nos coube viver –, a própria Igreja deve ser constantemente guiada pela plena consciência de que não lhe é permitido, em hipótese alguma, esmorecer nessa tarefa e fechar-se sobre si mesma. A *sua razão de ser*, efetivamente, *é revelar a Deus*, isto é, o Pai que nos permite "vê-lo" em Cristo (cf. Jo 14,9). Por mais forte que possa ser a resistência da história humana, por mais marcante que se apresente a heterogeneidade da civilização contemporânea e, enfim, por maior que possa ser a negação de Deus no mundo humano, ainda maior deve ser, apesar de tudo, a nossa aproximação de tal mistério, que, oculto desde toda a eternidade em Deus, foi depois, no tempo, realmente comunicado ao homem por meio de Jesus Cristo.

Com a minha Bênção Apostólica!

Dado em Roma, junto de São Pedro, aos trinta dias do mês de novembro, Primeiro Domingo do Advento, do ano de 1980, terceiro do meu Pontificado.

João Paulo II

Rua Dona Inácia Uchoa, 62
04110-020 – São Paulo – SP (Brasil)
Tel.: (11) 2125-3500
http://www.paulinas.com.br – editora@paulinas.com.br
Telemarketing e SAC: 0800-7010081